Twitter

Aplicaciones profesionales y de empresa

TÍTULOS ESPECIALES

RESPONSABLE EDITORIAL:
Víctor Manuel Ruiz Calderón
Eva Margarita García

DISEÑO DE CUBIERTA:
Pattodis diseño e imagen S.L.U.

Twitter
Aplicaciones profesionales y de empresa

Óscar Rodríguez Fernández
GURÚS PRESS

Todos los nombres propios de programas, sistemas operativos, equipos hardware, etc. que aparecen en este libro son marcas registradas de sus respectivas compañías u organizaciones.

Reservados todos los derechos. El contenido de esta obra está protegido por la Ley, que establece penas de prisión y/o multas, además de las correspondientes indemnizaciones por daños y perjuicios, para quienes reprodujeren, plagiaren, distribuyeren o comunicaren públicamente, en todo o en parte, una obra literaria, artística o científica, o su transformación, interpretación o ejecución artística fijada en cualquier tipo de soporte o comunicada a través de cualquier medio, sin la preceptiva autorización.

© EDICIONES ANAYA MULTIMEDIA (GRUPO ANAYA, S. A.), 2011
Juan Ignacio Luca de Tena, 15. 28027 Madrid
Depósito legal: M. 20.126-2011
ISBN: 978-84-415-2948-9
Printed in Spain
Impreso en: Closas-Orcoyen, S. L.

Índice de contenidos

Introducción

Pero ¿qué es esto de Twitter? La publicación de este libro parte con una intención: convertirse en una guía de rescate para aclarar el funcionamiento y la utilidad profesional de esta interesante herramienta que ya se ha convertido en casi imprescindible para nuestra empresa o trabajo.

¿Qué ha hecho de Twitter un sistema tan popular de un modo tan rápido? Sin duda su idiosincrasia y una condición muy especial para facilitar la comunicación bidireccional, por su simplicidad, su facilidad para generar lazos emocionales y su gran poder de movilización. Twitter es un fenómeno basado en un concepto de comunicación extendido y aceptado en el que priman por encima de todo su viralidad e inmediatez.

Desde el punto de vista profesional su aplicación como herramienta de marketing está comenzando a ser una realidad, fundamentalmente por mostrarse como un canal muy eficaz a través del cual se puede llegar a clientes y consumidores de un modo rápido y directo. Por ello Twitter ofrece algo que la gran mayoría de las empresas no han conseguido aprovechar aún: un canal de relación fácil de usar que puede llegar a su público objetivo de un modo bidireccional, como hasta ahora no había ocurrido antes.

CONTENIDO DEL LIBRO

El contenido del libro se ha dividido en ocho capítulos, que se podrían explicar del siguiente modo:

▶ **Capítulo 1**: En este capítulo se aborda la importancia de esos tan sólo 140 caracteres. El qué pueden aportar a una empresa o a un profesional. Se comentan algunos números y estadísticas, las verdades y medio verdades sobre esta herramienta y se habla también de algunos importantes datos para reflexionar.

► **Capítulo 2**: La importancia de Twitter en el Social Media Plan cuenta cómo en la actualidad está quedando reflejado que Twitter está resultando ideal para la comunicación y el marketing. Grandes y pequeños tratan de adaptarse a Twitter y sacarle el máximo rendimiento. Verá cómo investigar y analizar perfiles y tendencias, y conocerá las herramientas de investigación y por qué son imprescindibles, cómo establecer objetivos para la implantación de Twitter. Aprenda a definir los componentes estratégicos de una campaña en Twitter.

► **Capítulo 3**: De gran importancia es disponer de un perfil adecuado a la estrategia, conozca las razones de por qué el hecho de elegir un nombre de usuario, un nombre real, una localización y una imagen gráfica para un perfil profesional es un proceso que requiere una estrategia.

Aprenda a configurar una cuenta paso a paso y cómo crear múltiples cuentas para obtener mejores resultados sociales.

► **Capítulo 4**: Un gran número de términos que no conocíamos han invadido nuestras mentes: twittear, following, Hashtag, un sinfín de palabras que tratamos de explicar de un modo sencillo en este capítulo.

► **Capítulo 5**: Este capítulo aborda las tres claves de Twitter: Conversación, Contenido, Comunidad. Aprenda a twittear consiguiendo prestigio e influencia, twittear según los objetivos. Se explica cómo sacarle el máximo partido a los tweets y con qué herramientas se consigue una mejor optimización. Se abarca también cómo conocer todas las opciones de un simple tweet.

► **Capítulo 6**: Las actuales estrategias comerciales y de marketing de las compañías han motivado que su aparición en Twitter en busca de la comunicación y fidelización con el cliente sea como mínimo obligatoria. Conozcamos algunos casos que han visto reflejado un notable éxito.

► **Capítulo 7**: Aprender a crear campañas directas y su estrategia es el objetivo principal de este capítulo. Conocer lo que es una campaña de venta directa, de branding personal, para gestionar una crisis o una campaña para conseguir seguidores.

► **Capítulo 8**: Este capítulo explica cómo optimizar al máximo el uso de Twitter, para ello nos habla de las herramientas más indicadas para depende qué tipo de acción.

Conozca los mejores clientes on-line y de escritorio, herramientas de investigación, de personalización visual, de publicación, herramientas de monitorización, almacenamiento de imágenes y vídeo, el acortado de URLs, etc.

A QUIÉN VA DIRIGIDO ESTE LIBRO

Dentro del abanico de lectores interesados, este libro puede ayudar a personas que deseen aprender a manejar una importantísima herramienta profesional en el sector de los Social Media, a profesionales liberales que apuestan por las herramientas de comunicación entre personas, a gestores a cargo de departamentos de tecnología con una apuesta clara por establecerse en los Social Media y a cualquiera que se sienta interesado por la radical aparición de la Web 2.0 y su influencia en la sociedad a corto y medio plazo.

▶ Si es dueño de un negocio, de una pequeña compañía o gestiona un negocio o marca.

▶ Si quiere conocer bajo qué estrategias y conceptos se está moviendo actualmente el marketing social.

▶ Si lleva años trabajando en nuevas tecnologías, conoce Internet y quieres desarrollar su carrera profesional.

▶ Si estudia o trabaja en algo que tiene relación con el mundo del marketing.

CONVENCIONES

Para ayudarle a sacar el mayor partido al texto y saber dónde se encuentra en cada momento, a lo largo del libro utilizamos distintas convenciones:

▶ Las combinaciones de teclas se muestran en negrita, como por ejemplo **Control-A**. Los botones de las distintas aplicaciones también se muestran en negrita.

▶ Los nombres de archivo, URL y código incluido en texto se muestran en un tipo de letra `monoespacial`.

▶ Los menús, submenús, opciones, cuadros de diálogo y demás elementos de la interfaz de las aplicaciones se muestran en un tipo de letra Arial.

En estos cuadros se incluye información importante directamente relacionada con el texto adjunto. Los trucos, sugerencias y comentarios afines relacionados con el tema analizado se reproducen en este formato.

1. Ya nada es lo que era. Por qué son tan importantes 140 caracteres

LA RAZÓN ES MUY SENCILLA...

Pero ¿qué es esto de Twitter? Pues bien, vamos al grano. Twitter es un servicio que permite a los usuarios enviar y publicar mensajes breves de texto desde todo tipo de plataformas. Estos mensajes se muestran en la página de perfil del usuario, una Web del tipo (www.twitter.com/usuario) y son también recibidos de forma inmediata por otros usuarios que previamente han decidido hacerlo.

A día de hoy es la herramienta social más utilizada en el mundo para hacer lo que los más técnicos denominan "microblogging", es decir, enviar mensajes cortos de texto (tweets), que no deben superar los 140 caracteres, a un grupo de seguidores. En muy poco tiempo, Twitter ha experimentado un crecimiento sorprendente y el número de usuarios que lo utilizan crece por segundos.

> Los tweets son almacenados en una página del tipo (http://twitter.com/nombredeusuario) donde pueden ser leídos por todo el mundo que la visite.

Aunque se comenzó dudando tanto de su finalidad como de su utilidad, su creciente número de seguidores, la compañía habla de más de 200 millones de cuentas abiertas, ha provocado que en la actualidad Twitter sea utilizado en todo tipo de estrategias sociales: retransmisión de charlas y ponencias a las que poca gente tiene acceso, intercambio de opiniones durante un evento en el que la gente asiste como público, comentarios sobre debates, e incluso para la realización de entrevistas.

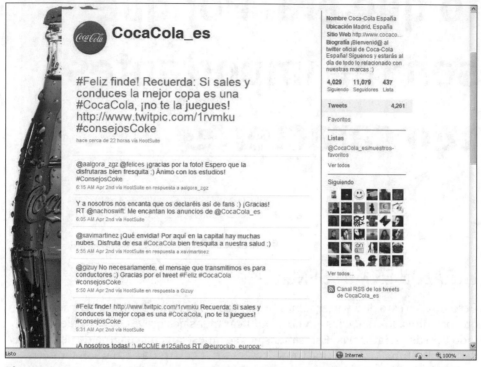

Figura 1.1. Aunque se comenzó dudando de su utilidad, en la actualidad Twitter es utilizado en todo tipo de estrategias sociales.

¿Qué ha hecho de Twitter un sistema tan popular de un modo tan rápido? Sin duda su indiosincrasia y una condición muy especial para facilitar la comunicación bidireccional, por su simplicidad, su facilidad para generar lazos emocionales y su gran poder de movilización. Twitter es un fenómeno basado en un concepto de comunicación extendido y aceptado en el que priman por encima de todo su viralidad e inmediatez.

Básicamente su utilización mejora el canal de comunicación directa con el usuario ya que permite generar y adquirir información, atrae la atención y, sobre todo, es ideal para la escucha.

Por esto incluir Twitter en una campaña Social Media es sinónimo de construir y recuperar relaciones.

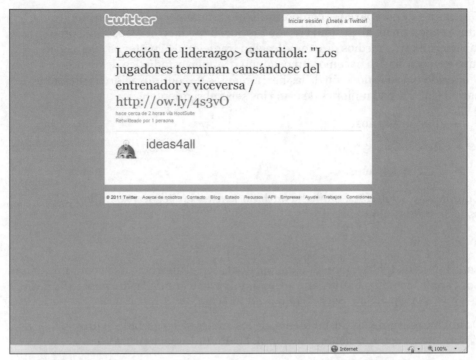

Figura 1.2. Su indiosincrasia y una condición muy especial para facilitar la comunicación bidireccional han hecho de Twitter una plataforma con enormes posibilidades sociales.

Es ideal para las relaciones públicas, crear recuerdo de marca, como método promocional, como soporte de atención al cliente, para cubrir eventos, comunicar noticias de última hora, realizar entrevistas, comercio electrónico, en resumen... para escuchar y hablar con el usuario.

> Twitter representa ampliamente los valores de la Web Social: innovación, creatividad, libertad, comunicación, participación y colaboración.

Sin embargo, los creadores de Twitter no han considerado nunca a Twitter como una red social, así lo ha comentado Jack Dorsey, presidente y fundador de la compañía, en varias ocasiones. Su desarrollo se planteó bajo el concepto de servicio, con la intención de convertirse en una plataforma de comunicación que alojara el contenido del resto de redes sociales. Según el propio Dorsey "Yo tengo unas siete redes sociales en Twitter: mi familia, la gente con la que trabajo, mis amigos, emprendedores que conozco, etc. [...] Es un comportamiento humano que ahora estamos comenzando a entender."

Gracias a este cambio en el comportamiento humano y teniendo en cuenta el ritmo exponencial al que han crecido los Social Media con respecto a cómo lo hicieron otros medios de comunicación tradicional, Twitter es además un caso excepcional. Si hacemos un pequeño resumen estadístico del tiempo requerido para la adopción de las herramientas de comunicación tradicionales para llegar a los 50 millones de usuarios sería el siguiente:

- ► Radio: 38 años.
- ► Televisión: 13 años.
- ► Internet: 4 años.

Entonces ¿y Twitter? ¿Cuánto ha tardado Twitter en llegar a 50 millones de usuarios? Pues ahí va el dato:

- ► Twitter: 3 años.

Cada época ha tenido su revolución particular en el apartado de la comunicación. Los canales han ido madurando acercándose a la tecnología, del papel a la radio, después a la televisión, para terminar en Internet.

De ahí han surgido los Social Media, de los cuales se ha gestado el último exponente de comunicación, o mejor dicho de conversación: Twitter.

QUÉ PUEDE APORTAR TWITTER A UNA COMPAÑÍA O A UN PROFESIONAL

Para saber qué puede aportar Twitter a una compañía se puede comenzar por algo muy simple, un tweet que guardo entre mis favoritos y que resume a la perfección el sentido de esta red, dice "En Facebook podemos conocer las caras, en Twitter podemos conocer las mentes".

A día de hoy la interacción entre usuarios de Twitter es una constante, la plataforma se ha convertido en poco tiempo en una comunidad tremendamente participativa que paulatinamente está aumentando el nivel de las conversaciones.

Aunque algo sí es indudable, Twitter es aún una comunidad de usuarios que se encuentra en pleno proceso de maduración.

Desde el punto de vista profesional su aplicación como herramienta de marketing está comenzando a ser una realidad, fundamentalmente por mostrarse como un canal muy eficaz a través del cual se puede llegar a clientes y consumidores de un modo rápido y directo. Por ello Twitter ofrece algo que la gran mayoría de las empresas no han conseguido aprovechar aún: un canal de relación fácil de usar que puede llegar a su público objetivo de un modo bidireccional, como hasta ahora no había ocurrido antes.

Figura 1.3. A día de hoy aún hay compañías que no aprovechan el potencial de Twitter para sus estrategias de visibilidad social.

Así Twitter permite aprovechar las mejores oportunidades disponibles de llegar al usuario y de que el usuario llegue a nosotros.

¿Cómo? Veamos. Con Twitter una compañía o profesional puede beneficiarse en:

- ▶ Obtener mayor visibilidad.
- ▶ Mejorar la reputación.
- ▶ Conectar con nuevas audiencias.
- ▶ Interactuar con su público objetivo.
- ▶ Ofrecer contenido que no es posible mostrar de otro modo.
- ▶ Obtener mayor relevancia.

► Considerar las necesidades y demandas de usuarios y clientes.

► Conocer mucho mejor a su cliente o al que puede llegar a serlo.

► Humanizar más su labor.

► Disponer de una herramienta de marketing de rentabilidad superior a cualquier otra tradicional.

► Aumentar la transparencia.

► Reforzar el compromiso de colaboradores y empleados.

► Conseguir un aumento de ventas a medio y largo plazo.

Figura 1.4. Muchas compañías han conseguido anticiparse y ya aprovechan Twitter para llegar a su público objetivo.

Resumiendo, los beneficios son claros para cualquiera. Gracias a Twitter tanto una pequeña tienda de barrio como una gran compañía tienen la oportunidad de abrir una conversación con sus usuarios. Esto posibilita una comunicación bidireccional que, entre otros, facilita el conocimiento del cliente, sus gustos, sus pensamientos, sus críticas... es decir, obtener información crítica para nuestro negocio.

Figura 1.5. Cualquiera puede conversar en Twitter, incluso las compañías más pequeñas están comenzando a dedicar sus esfuerzos en estar visibles.

La gran ventaja de Twitter es que se basa en una plataforma abierta, al contrario que Facebook cualquiera puede consultar el contenido que se publica o si se desarrolla conversación alrededor de un determinado tweet. Esto facilita en gran medida el trabajo de monitorización y de la analítica directa del impacto que está teniendo un mensaje determinado. Éstas son, sin duda, algunas de las razones por las que muchas compañías comienzan a dedicar cada vez más esfuerzos a estar realmente visibles en Twitter. Además, según un estudio que desarrolló la consultora ExactTarget en Estados Unidos el 20 por cien de los consumidores ha seguido en Twitter alguna marca con el fin de interactuar o buscar información sobre ella y el 32 por cien de los usuarios ha retwitteado contenidos ofrecidos por alguna marca, a menudo relacionados con algún tipo de oferta o promoción, lo cual termina de cerrar el círculo de la eficiencia de una campaña.

Twitter ofrece características y ventajas de los blogs, las comunidades virtuales y la mensajería instantánea. Es un espacio para la conversación debate, permite compartir conocimiento, es interactivo, permiten construir redes verticales, es muy participativo, es inmediato y gratuito.

Figura 1.6. Más de la mitad de los usuarios de Twitter utilizan la plataforma para ofrecer opiniones sobre productos y servicios de las marcas... con más o menos razón.

Del mismo modo sirve un estudio realizado a principios de 2011 por eCircle y Mediacom Science sobre Social Media y Email Marketing en Europa que permitió analizar el modo en que los usuarios utilizaban Twitter, Facebook, y el correo electrónico para relacionarse con sus marcas preferidas.

Del estudio se pueden sacar varias conclusiones que resultan muy útiles para entender la singularidad de Twitter y su uso por parte de la empresa y el profesional.

Los dos datos más importantes son los siguientes:

► El 51 por cien de los usuarios de Twitter utilizan la plataforma para conocer más y mejor los productos y servicios de las marcas.

► En Twitter el 19 por cien de los usuarios utilizan la opción RT frente al 8 por cien de los usuarios de correos electrónicos que utilizan la opción reenvío.

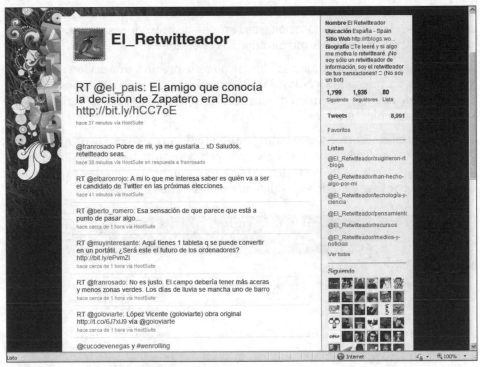

Figura 1.7. En Twitter el 19 por cien de los usuarios utilizan la opción RT, que ofrece grandes posibilidades a la hora de construir una comunidad.

LOS NÚMEROS Y ESTADÍSTICAS DE TWITTER

Los datos de que se disponen a día de hoy para valorar seriamente la audiencia de Twitter son, muy a nuestro pesar, cuando menos cuestionables.

Existen muchos informes al respecto, aportando cifras que difieren considerablemente en cuanto al número de cuentas y el uso que se hace de ellas.

> Los datos sobre estimaciones de usuarios de Twitter activos son siempre inferiores a los oficiales, fundamentalmente debido a la cantidad de cuentas automatizadas, duplicadas y ocasionales que apenas utilizan el servicio.

Muchos informes, muchos datos y muchos, demasiados, intereses, fundamentalmente por parte de la propia compañía. Como ejemplo valga un dato. La subasta de acciones de Twitter en Sharespost, según Masahble

(`Mashable.com`), en marzo de 2011 valoró la compañía en 7.700 millones de dólares, casi el doble de su tasación tras la ronda de inversiones unos pocos meses antes, en enero de ese mismo año. Y creciendo.

¿Qué se valora de la compañía a la hora de ponerle precio a una acción ante una venta o una posible salida a bolsa? Fundamentalmente y muy básicamente, su modelo de negocio y su masa de clientes. He aquí la respuesta al "baile" del número de posibles usuarios.

Lo que sí es cierto, corroborado tanto por los analistas como por la propia compañía, es que Twitter seguirá creciendo como mínimo hasta 2013, aunque las tasas en que se moverá y los niveles de uso serán mucho más modestos que hasta el momento. Se avecinan tiempos algo más complicados.

Figura 1.8. En marzo de 2011 la valoración de Twitter estaba en 7.700 millones de dólares.

Verdades y medio verdades

Mientras que, según Twitter, hasta finales de 2010 se habían dado de alta alrededor de doscientos millones de cuentas, hay firmas independientes como eMarketer (`eMarketer.com`) que afirman que tras analizar las visitas únicas a Twitter (`Twitter.com`) la página tan solo recibió entre 20 y 25 millones de visitas mensuales durante el mismo año. No es un dato concluyente, se puede hacer uso de la plataforma sin pasar por su página principal, pero hace pensar que la estimación de usuarios que indica la compañía, cuando menos no coincide con el nivel de utilización de la plataforma.

> El hecho de que existan cuentas duplicadas, usuarios "oyentes" y personas que no utilizan el servicio realmente, hace que las cifras de audiencias que ofrece Twitter sean más altas de lo que indican las encuestas online realizadas sobre sus hábitos de uso.

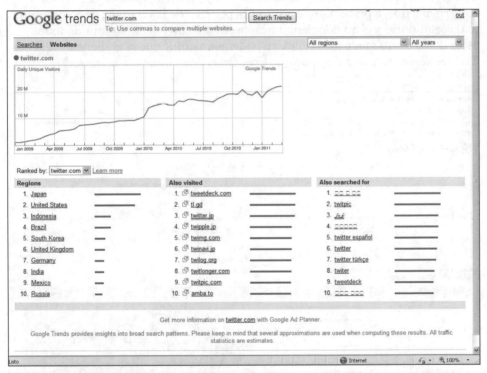

Figura 1.9. Las cifras aportadas por varias firmas independientes sobre el uso de la plataforma no coinciden con las ofrecidas por la compañía. Las visitas a su sitio Web son la referencia para la polémica.

Lógicamente, disponer de una cuenta en Twitter, yo por ejemplo tengo cuatro, es muy diferente a que sea propiedad de un usuario individual e incluso que estén siendo utilizadas. Por ejemplo, muchas empresas dan de alta varias cuentas para una misma campaña o incluso para sus diferentes departamentos, lo cual no significa que sean distintos usuarios. Debido a esto y siempre a primera vista, parece que los números que ofrece la compañía Twitter son siempre algo exagerados en comparación con los que ofrecen los analistas, mucho más minuciosos.

> Twitter es la plataforma Web de mayor crecimiento en Internet, actualmente crece más rápido que Google y más rápido que Facebook.

Ya durante 2009 Nielsen (`Nielsen.com`) alertó con que el 60 por cien de los nuevos usuarios de Twitter en Estados Unidos no utilizaba su cuenta al mes siguiente. En este sentido un análisis de RJ Metrics (`RJMetrics.com`) confirmaba que, a principios de 2010, el 25 por cien de las cuentas de Twitter no tenía seguidores y el 40 por cien nunca ha enviado un tweet. Valorando todos estos datos de un modo más reflexivo podemos asumir que la audiencia "real" de Twitter se acerca más a decenas que a centenas de millones de usuarios.

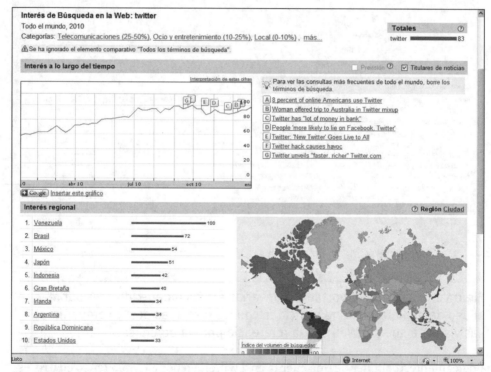

Figura 1.10. A pesar de que las cifras puedan resultar engañosas, la relevancia de Twitter a corto plazo va a ser muy importante.

Valga esto para afirmar que, en cualquier caso, ni mucho menos todos estos análisis significan que Twitter sea menos relevante de lo que es en realidad. ¿Qué profesional quiere ignorar una audiencia de varias decenas de millones de usuarios especialmente activa y comprometida?

Algunos datos para la reflexión

Es indudable que muchos de los datos que ofrece Twitter, aunque con mucha cautela, son dignos de ser tomados en cuenta. Si tal vez no sean un fiel reflejo de la realidad, sí pueden ofrecer una visión global de qué está ocurriendo en la plataforma social y qué puede resultar interesante de ella.

Ésta es una pequeña recopilación de datos importantes sobre Twitter a nivel mundial:

- ► Twitter cumplió 5 años el pasado 21 de marzo de 2011.

- ► Twitter es la segunda plataforma Social Media por número de usuarios tras Facebook.

- ► Alcanzó los 200 millones de cuentas registradas en los primeros meses de 2011.

- ► Se crean 300.000 nuevas cuentas al día.

- ► El 50 por cien de las cuentas dadas de alta se produjo durante 2010.

- ► La mayor cantidad de usuarios se encuentra entre los 18 a 29 años.

- ► Entre los usuarios de 18 a 29 años hay más hombres que mujeres (10 por cien hombres vs 9 por cien mujeres).

- ► El 30 por cien del total de los usuarios registrados tiene estudios universitarios.

- ► Los twitteros envían diariamente 110 millones de tweets.

- ► Los twitteros son los más activos de los Social Media.

- ► Los twitteros son muy prolíficos, cada 20 minutos comparten un millón de enlaces y envían alrededor de 1,5 millones de invitaciones a eventos.

- ► Los twitteros suelen ser más activos por la mañana.

- ► La franja horaria preferida para el envío de tweets es la que va de 10 a 11 de la mañana.

- ► Los twitteros son más activos los miércoles y los jueves.

- ► En Twitter se realizan 600 millones de búsquedas diarias.

- ▶ El 40 por cien de los mensajes de Twitter se envían a través de dispositivos móviles.

- ▶ 25 billones de tweets enviados durante 2010.

- ▶ 543 000 nuevas cuentas creadas en un día (11 de Marzo del 2011) es el récord actual.

- ▶ 9.000.000 usuarios siguiendo a Lady Gaga (@ladygaga).

- ▶ Charlie Sheen (@charliesheen) tardó 25 horas y 17 minutos en alcanzar un millón de seguidores.

Twitter y otros Social Media

Uno de los tweets más reenviado últimamente me viene como anillo al dedo para mostrar gráficamente la gran diferencia que existe entre Twitter y el resto de las llamadas redes sociales. El mensaje es el siguiente: "En Twitter eres libre como el viento, mientras que en Facebook siempre terminas topándote con un muro".

Pues bien, según un estudio que desarrolló la consultora ExactTarget en Estados Unidos, los usuarios de Twitter tienen más probabilidades de inducir a la recomendación y a realizar futuras compras que los de otras plataformas sociales, por lo que se les puede considerar potenciales compradores y clientes.

En este sentido, los datos de estudio señalan que 37 por cien de los encuestados son más propensos a comprar un producto si lo siguen a través de Twitter, en comparación con el 17 por cien de quienes lo hacen a través de Facebook.

Esto me reafirma en la convicción de que se está produciendo una diversificación de tareas por parte del usuario, de modo que se comienzan a utilizar las plataformas sociales de un modo mucho menos global y más sectorizado. Los usuarios de Twitter o Facebook no suelen utilizarlas de forma exclusiva, debido a la propia naturaleza de cada una. Básicamente, como tendencia el usuario avanzado comienza a usar Twitter para informarse y Facebook para contactar.

> Según un reciente estudio los usuarios de Twitter tienen más probabilidades de inducir a la recomendación y a realizar futuras compras que los de otras plataformas sociales.

Twitter en España

En Febrero de 2011 la prestigiosa empresa de investigación The Cocktail Analysis presentaba su Tercera Oleada del Observatorio de Redes Sociales en España. En el estudio aparecían tres datos que pueden ser significativos para conocer el estado de audiencias en España: el 85 por cien de los internautas conectados desde España utiliza Social Media, Facebook es usada por 78 por cien de ellos y Twitter únicamente por el 14 por cien.

¿Qué quiere decir esto? Que la plataforma de microblogging está en crecimiento y aún dispone de mucho recorrido. Ejemplo de ello es que durante 2010 Twitter casi duplicó sus usuarios en España.

Las cifras de Nielsen Netratings mostraron como la plataforma social pasó de registrar 1,5 millones de usuarios únicos en diciembre de 2009 a alcanzar una audiencia de 2,8 millones de usuarios únicos en diciembre de 2010.

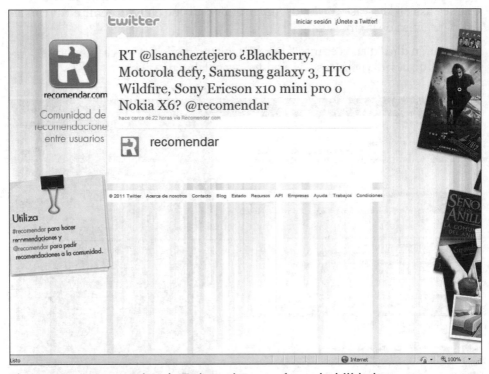

Figura 1.11. Los usuarios de Twitter tienen más probabilidades de inducir a la recomendación y a realizar futuras compras que los de otras plataformas sociales.

Sí, es un hecho, la audiencia de Twitter es aún muy reducida en España pero sin embargo su crecimiento de Twitter durante 2010 en España resulta francamente remarcable ya que en un sólo año consiguió sumar 1,3 millones de usuarios únicos, lo que equivale prácticamente al total de la audiencia lograda en 2007.

REALMENTE, CUÁL ES EL TRUCO DE TWITTER

El truco de Twitter es un jardín sin flores. No hay truco. Tras la supuesta simplicidad de los 140 caracteres sólo hay eso, simplicidad... y 140 posibilidades de ser especialmente creativo. Es decir, todo y nada.

Para la gran mayoría de los nuevos usuarios es difícil de comprender. Es lógico. El éxito tan increíble de una plataforma de comunicación que ofrece mínimas posibilidades de interacción, es cuando menos complicado de asimilar.

En un mundo con infinitas opciones para comunicar, triunfa una herramienta que se basa en la escasez de letras, una plataforma que obliga a comunicar con la única premisa de la síntesis.

No sé quién dijo "menos es más", pero del mismo modo que sirve para otros aspectos de la vida, en el caso de Twitter "es palabra de Dios".

Figura 1.12. En un mundo con infinitas opciones para comunicar, triunfa una herramienta que se basa en la escasez de letras, una plataforma que obliga a comunicar con la única premisa de la síntesis.

Sin embargo sus límites son los que proporcionan sus principales ventajas. La inmediatez en la comunicación, la eficacia en la gestión, la velocidad en la transmisión, la versatilidad en la aplicación de estrategias, la facilidad de uso...

¿Quién se puede resistir a una herramienta de comunicación así? Ahí está el truco, nadie se puede resistir a:

- ► Inmediatez en la comunicación.
- ► Agilidad en el proceso de comunicación.
- ► Interactividad máxima.
- ► Gratuidad en su utilización.
- ► Relevancia en su carácter.
- ► Eficacia en la gestión.
- ► Facilidad en su uso.
- ► Versatilidad en la aplicación de estrategias.

Bajo estas características tanto el usuario profesional como la empresa pueden trazar un plan de trabajo con Twitter que les permita obtener una serie de beneficios a los que de otro modo no podría acceder.

Éstos son algunos de ellos:

- ► **Beneficia el branding personal y corporativo.**

  Twitter aporta una serie de valores difíciles de transmitir de otro modo como cercanía, implicación, transparencia, etc., que son imprescindibles para el desarrollo de la imagen corporativa y personal.

- ► **Refuerza y asegura la visibilidad.**

  A día de hoy nadie piensa en un plan de marketing sin una partida específica para los Social Media y especial para Twitter. Una utilización óptima de una cuenta Twitter complementa la estrategia, por ejemplo, de un blog corporativo y refuerza la presencia de la marca, su exposición y visibilidad en Internet.

- ► **Fomenta el conocimiento y la inspiración.**

  Twitter puede ser una gran herramienta de búsqueda e inspiración. De hecho ayuda a conocer temas importantes, ya sean globales o de un determinado sector, del modo más directo y rápido. Sus posibilidades de monitorización y seguimiento de temas y personas hacen de Twitter una herramienta básica de generación de ideas y análisis.

▶ **Permite anticiparse a posibles dificultades.**

Twitter es una herramienta ideal para conocer de primera mano lo que se dice de nuestra marca o compañía. Gracias a la monitorización de la conversación se pueden anticipar potenciales crisis y actuar en consecuencia.

▶ **Favorece la obtención de nuevos contactos.**

Es la plataforma social más sencilla de utilizar y potente para construir una buena base de contactos y relaciones, ya sean clientes, proveedores o colaboradores. Ahora, los profesionales recurren a Twitter como una manera eficaz de llegar a otros profesionales o marcas y están encontrando un gran valor en las conexiones que se establecen.

▶ **Facilita el proceso de I+D.**

Por pequeña que sea la compañía, Twitter es una plataforma que ofrece un constante contacto con usuarios y público objetivo que expresan gustos, necesidades, deseos y opiniones. Éste es el vehículo ideal para hacer pruebas, pedir opinión y testear nuevos productos y servicios y de ese modo mejorar la competitividad. Además, por lo general, sus usuarios tienen un perfil tecnológico avanzado.

▶ **Garantiza innovación.**

La apertura de una marca o compañía a Twitter es siempre una fuente de nuevas oportunidades. Las posibilidades de networking que genera y su carácter tecnológico son un camino ideal para aprovechar los nuevos avances y hacerlos llegar al cliente.

▶ **Promueve la fidelización.**

Twitter es una buena plataforma para desarrollar vínculos emocionales, no sólo con clientes sino también con usuarios interesados, empleados, colaboradores, etc.

NADA TAN SENCILLO HABÍA RESULTADO TAN COMPLEJO; CÓMO FUNCIONA

¿Qué ha hecho tan popular a Twitter en tan solo unos años? Básicamente, que estamos ante una auténtica revolución 2.0 y las plataformas Social Media están actuando como la herramienta de marketing más poderosa, incluso para ellas mismas. Los consumidores y usuarios son el origen de todo, desde las mismas plataformas evangelizan a otros tantos millones de personas sobre las bondades de su uso a través de la experiencia ¿Hay algo más potente que eso? Por supuesto que no, ni la publicidad tiene ese poder.

En su intervención durante el Fórum Mundial del Marketing y Ventas de Barcelona en 2008, Philip Kotler, uno de los más importantes expertos en marketing, indicó que las grandes marcas del momento (Amazon, eBay y Google) eran de las más reconocidas. Sin embargo, paradójicamente, eran las que menos recursos económicos utilizaban en publicidad. Era el momento que comenzaba a dar sus primeros pasos la auténtica revolución 2.0.

Con Twitter se ha demostrado que se puede ser actor y espectador de una historia. La plataforma de microblogging ha sido una de las mayores beneficiadas de su propia personalidad.

Microblogging

El microblogging, concepto sobre el que se sustenta Twitter, se basa en un sistema que permite al usuario enviar mensajes de estado y actualizaciones por medio de textos breves, en el caso de Twitter con un máximo de 140 caracteres. Estos mensajes pueden ser leídos por cualquier persona o bien por un grupo de usuarios restringidos que son previamente elegidos por el usuario.

Hay una máxima en Twitter que dice "Si lo que tienes que decir ocupa más 140 caracteres, no lo digas en Twitter, abre un blog y comparte el link". Basta esta frase para resumir la esencia de Twitter y el microblogging, un concepto muy directo con innumerables posibilidades pero también con determinadas limitaciones.

Posiblemente el éxito del microblogging, y de Twitter en particular, es mérito de las mismas personas, de los mismos usuarios que forman parte de Twitter, ciudadanos comunes, artistas, científicos, políticos, líderes carismáticos y muchos más que han superado las barreras del tiempo y el espacio para conversar y hacerse escuchar a través sólo ciento cuarenta caracteres.

El triunfo de servicios de sintetización del contenido en Internet como resúmenes de libros, píldoras formativas y *podcasts*, entre otros, mostraron el camino y Twitter no ha dudado en recorrerlo.

La cultura del microblogging exprime la sintetización a la que obligan los 140 caracteres para ofrecer la gran ventaja añadida en la comunicación de nuestro tiempo, que podríamos acuñar como "contundencia", teniendo en cuenta que es un término resultante de la unión de inmediatez, versatilidad, rapidez, instantaneidad, usabilidad, agilidad, interactividad y... otros tantos más.

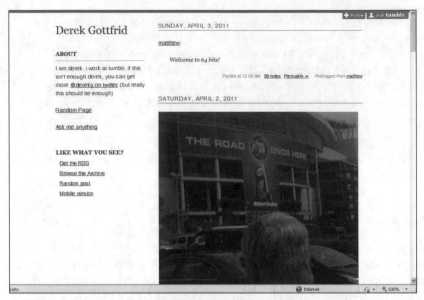

Figura 1.13. El microblogging no es sólo propiedad de Twitter, hay otras plataformas de gran éxito entre los usuarios como Tumbrl (Tumbrl.com).

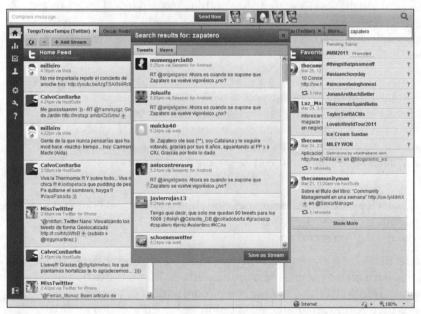

Figura 1.14. La cultura del microblogging exprime la sintetización a la que obligan los 140 caracteres para ofrecer la gran ventaja añadida en la comunicación de nuestro tiempo, la "contundencia".

Sin embargo, ¿qué nos atrae tanto del microblogging? A pesar de todo lo expuesto, tal vez se deba a algo mucho más sencillo, a que nos magnetiza la comunicación espontánea y que, de un modo muy básico, la Web se encuentra en un profundo proceso de cambio y el usuario no desea tanto buscar la información como recibirla directamente.

> Tras el éxito de Twitter, han aparecido a su sombra otras muchas plataformas distintas de microblogging e incluso se trabaja sobre sistemas estándar y abiertos sobre los cuales no sea preciso depender del tipo de herramienta que se utilice y que pretenden convertirse en un servicio más de Internet, como el correo electrónico o el P2P.

La importancia de la brevedad y la movilidad

Twitter no pretende más que ofrecer al usuario la posibilidad de responder a la pregunta "¿Qué estás haciendo?". Ahora bien, se ha convertido en el mayor protagonista de una manifestación popular que antepone la brevedad, la inmediatez y, fundamentalmente, la movilidad para conseguir realizar esa función.

Figura 1.15. En la actualidad triunfa el consumo de información fraccionado y en pequeñas cantidades, es lo que se ha venido a denominar "cultura snack".

Muchos expertos en comunicación lo vienen a denominar últimamente como la máxima expresión de la "cultura snack". ¿Qué es la cultura snack? El consumo fraccionado y en muy pequeñas cantidades de todo aquello por lo que mostramos interés. Desde las noticias diarias hasta la música que se escucha a través de Internet o la forma en que se consumen películas o series de televisión, muy lejos de los formatos tradicionales de comercialización y muy cerca de las necesidades particulares de consumo. Es decir, el consumo constante en pequeñas dosis de aquello que alimenta nuestro espíritu, una definición que le viene como anillo al dedo a Twitter.

Parece como si la cultura de la brevedad reflejada en Twitter, cuanto más breve mejor, viniese a dar una respuesta a un problema global de una sociedad hiperinformada, nuestra falta de capacidad de sostener el foco de nuestra atención más allá de unos pocos minutos.

> En la actualidad existen importantes personas de referencia en el mundo de la cultura, negocios, religión, ocio, familia, moda, tecnología, viajes, música, política, que disponen de cuenta en Twitter y que facilitan su promoción y comunicación.

Y AHORA... HACIA DÓNDE VA TWITTER Y SU NEGOCIO

La Red es ya un conglomerado de lugares donde se comienza a correr la voz, de sitios donde los usuarios opinan, de espacios donde se comparte contenido, de plataformas donde se reúnen a mantener conversaciones. Todo esto ha supuesto que, de algún modo, el usuario de Internet termine ejerciendo de auténtico predicador y evangelista.

Antes este nuevo entorno social emergente, Twitter se está convirtiendo poco a poco en un modelo de generación y mantenimiento de vínculos personales y profesionales, en un nuevo paradigma del desarrollo de comunidades con marcada actividad social, en una base de relaciones de verdadera calidad, lo cual es un auténtico chollo para el mundo del marketing.

> Twitter ha conseguido que cualquier usuario pueda desarrollar una profunda relación con otros usuarios, creándose así una comunidad muy activa e interesante para los intereses de posibles anunciantes.

Ése es el siguiente paso de Twitter, como dirían los expertos en marketing, ha llegado el momento de que la plataforma social comience a "monetizar la atención".

Sin embargo, aunque a los más cercanos a la tecnología les pueda sonar raro, aún twittear se puede considerar como una acción aislada y un fenómeno relativamente de nicho entre la población mundial.

Según indicó una encuesta realizada por Pew Internet & American Life, únicamente el 8 por cien de los internautas estadounidenses están presentes en Twitter activamente. Es decir, aún estamos ante un momento de puro crecimiento, estamos ante el nacimiento de lo que luego puede llegar a ser un importante negocio.

Como cualquier proyecto en pleno crecimiento, Twitter busca modos de generar ingresos que permitan seguir evolucionando sus capacidades. De hecho, en junio de 2010, la compañía anunció que iba a comenzar a ofrecer un servicio que permitiría insertar publicidad, tweets patrocinados, en la *timeline* del usuario, es decir, una forma básica de inserción de publicidad. Esto ha comenzado a ser un proceso frecuente, es muy habitual para un usuario, por ejemplo de HootSuite, encontrar a diario mensajes patrocinados por empresas como Versión o Starbucks.

Figura 1.16. Twitter busca modos de generar ingresos que permitan seguir evolucionando sus capacidades, como los tweets promocionados o las cuentas patrocinadas.

El siguiente paso tendrá que ver con la personalización de los tweets promocionados, en búsqueda de la personalización, de modo que en función de los perfiles a los que se siga puedan aparecer entremezclados con los mensajes normales los mensajes publicitarios. Twitter está intentando día a día seguir ampliando sus capacidades como soporte publicitario, fundamentalmente en función de los resultados obtenidos con los tests que realiza habitualmente.

Debido a su imparable crecimiento, calculado en unas 500.000 nuevas cuentas cada día a mediados de 2011, Twitter se está convirtiendo en una plataforma ideal para el desarrollo del "micromarketing".

Por otro lado, ya se trabaja sobre el servicio de cuentas patrocinadas, con el que cualquier empresa puede aparecer en la zona de "A quién seguir" destacar una cuenta con el fin de poder conseguir un mayor número de seguidores para ella. De este modo, la plataforma consigue acercarse a usuarios en base a unas preferencias que sean potencialmente interesantes para un determinado producto o servicio y permitir al anunciante que pueda determinar con absoluta independencia el presupuesto y la duración de la campaña.

Figura 1.17. Twitter está intentando día a día seguir ampliando sus capacidades como soporte publicitario.

Según ha demostrado un informe de Pear Analytics, gran parte de los tweets son titulares de noticias o mensajes de autopromoción que llevan añadidos un enlace a una página externa con la información ampliada. Esto está provocando ya la aparición del spam, típico en espacios virtuales con éxito de audiencia.

La plataforma se plantea también comenzar a rentabilizar sus servicios con publicidad en los Trending Topics y evolucionar hacia los servicios de pago por mensaje, de modo que las empresas y profesionales puedan destacar y promocionar de manera especial aquello que más les interese.

En resumen, el futuro inmediato de Twitter pasará por:

- ▶ Patrocinios.
- ▶ Marketing segmentado.
- ▶ Publicidad en los Trending Topics.
- ▶ Pago por mensaje.
- ▶ Cuentas patrocinadas.

LA "CULTURA TWITTERA"

El uso de cuentas personales, sin intereses comerciales, ha ido creando un nuevo estilo de vida, el de la publicación diaria de mensajes sobre uno mismo. En estos tweets cabe de todo, desde opiniones o dudas hasta revisiones minuciosas sobre acciones cotidianas. Su uso, al final, depende de cada persona, ya sea como desahogo existencial, como vehículo lucrativo o como herramienta de información, entre otros, pero sus posibilidades pasan por todo tipo de operativas:

- ▶ Ofrecer información.
- ▶ Establecer conversaciones y debates.
- ▶ Compartir contenidos.
- ▶ Crear redes para compartir recursos.
- ▶ Generar contactos a través de seguidores y los seguidos.
- ▶ Seguir eventos en directo.

Es aquí cuando surge la pregunta inevitable: ¿por qué alguien quiere contar lo que está haciendo a cada momento y, fundamentalmente, por qué alguien querría dedicar tiempo a conocerlo? Suele ocurrir con frecuencia que las primeras preguntas que solemos formular sobre cada nueva tecnología no suelen ayudarnos a comprenderla, ya que se formulan desde el conocimiento y la reflexión de las tecnologías anteriores. Hay una frase de Andrew Sullivan (The Times) que me encanta y que da una respuesta muy conceptual a la pregunta pero que puede ayudar a aclararlo, dice así: "¿estás leyendo esto todavía o piensas hacer clic en otro link? ... Necesitamos ser a la vez patinadores en la superficie de la laguna y buceadores. Dominar la habilidad de acceder a hechos mientras reservamos el tiempo y espacio para hacer algo significativo con ellos".

Sin embargo, alguien dijo alguna vez, seguro que mucho antes del nacimiento de Twitter, que no era necesario empeñarse en ser conocido, sino en ser alguien que mereciera la pena conocer. Pues bien ahí reside el valor de Twitter. Sobre esto tienen mucho que decir los personajes famosos (**Twitterati**) que inundan Twitter, usuarios que han sido los primeros en apuntarse a la moda y que se afanan diariamente por conseguir que su gran número de seguidores crean que merecen ser conocidos.

A los twitteros más conocidos se le llama Twitterati. Son usuarios con gran número de seguidores y gran influencia. Algunos de ellos han conseguido adaptarse muy bien a Twitter y captan la atención diaria de la comunidad de Twitter a través de los Trending Topics.

Figura 1.18. En Twitter un mensaje sólo vive unos minutos, unas horas, si pasado ese tiempo no ha obtenido respuesta o repercusión, el tweet ha muerto.

En Twitter un mensaje sólo vive unos minutos, unas horas, si pasado ese tiempo no ha obtenido respuesta o repercusión, el tweet ha muerto. Esa sensación de inmediatez, de necesidad de un éxito instantáneo tiene mucho que ver con una cultura de la gratificación inmediata muy establecida en la sociedad actual.

QUIÉN ESTÁ CONVERSANDO... MÁS BIEN ESCUCHANDO

Desde que en Twitter los personajes famosos (**Twitterati**) inundan la plataforma con sus comentarios, cada vez son menos los usuarios relevantes. Ya lo decía aquél: "si cuando hablas nadie se molesta, eso es que no has dicho absolutamente nada".

Pues bien, según un estudio de Yahoo! Research realizado a principios de 2011, el 50 por cien de los tweets que se leían en el sitio los generaban sólo alrededor de 20.000 usuarios.

Esta élite suponía únicamente el 0,05 por cien del total de perfiles de Twitter, lo cual lleva a pensar que, a pesar de tratarse de un estudio centrado en analizar la comunicación de masas, estamos ante una fiel radiografía del uso del sitio en el 80 por cien de los casos, si no más, como herramienta de marketing puro y duro. El otro 20 por cien queda para los usuarios que usa Twitter como una plataforma de comunicación.

Con Twitter se cumple se cumple la teoría "*two-step flow*". Alrededor de la mitad de la información que se genera en los medios llega a la audiencia a través de un intermediario que suele ser un líder de opinión, puesto que están más expuestos y conectados a los medios.

En Twitter se conversa menos de lo que parece, eso es algo evidente, pero lo que aún es más evidente es que se escucha menos de lo que parece y de lo que se debería. Las cifras reflejan que aún no todo el mundo está dispuesto escuchar y sí a "hablar demasiado". Si admitimos que como indica el estudio anterior sólo 20.000 usuarios producen el 50 por cien de los tweets (unos 1.000 millones de tweets a la semana) eso quiere decir que los famosos y las empresas no están cumpliendo con el precepto que rige Twitter, la escucha activa.

Son 20.000 perfiles muy seguidos, pero que no suelen seguir a casi nadie, bueno sí, suelen seguir a otros famosos y a otras compañías.

Ésta es una imagen que resulta especialmente preocupante ya que no hace más que llevar a Twitter los hábitos sociales tradicionales. Estamos en contacto con desconocidos, les escuchamos, pero terminamos pudiéndonos relacionar con conocidos, amigos o compañeros.

Figura 1.19. Desde que en Twitter los personajes famosos (**Twitterati**) inundan la plataforma con sus comentarios, cada vez son menos los usuarios relevantes.

Figura 1.20. Si sólo 20.000 usuarios producen el 50 por cien de los tweets eso quiere decir que los famosos y las empresas no están cumpliendo con el precepto que rige Twitter, la escucha activa.

El usuario tras su mensaje

El estudio *Why We Twitter: Understanding Microblogging Usage and Communities* desarrollado por investigadores de la Universidad de Maryland y de los Laboratorios NEC, estableció tres perfiles de usuarios dominantes tras el análisis del contenido de los mensajes publicados en Twitter:

▶ **Informadores.**

Usuarios con gran cantidad de seguidores, que actualizan con frecuencia y fuentes de prestigio que republican titulares de manera automatizada.

▶ **Lectores.**

Buscadores de información que ejercen como lectores de las contribuciones de otros usuarios, pero que actualizan su estado con escasa frecuencia.

▶ **Amistad.**

La mayor parte de las relaciones identificadas se engloban en esta categoría, que incluye familiares, compañeros de trabajo y contactos que provienen de otros Social Media en los que el usuario también participa.

2. El papel de Twitter en el Social Media Plan

TWITTER, IDEAL PARA LA COMUNICACIÓN Y EL MARKETING SOCIAL

Los, como a muchos les gusta llamarles, "*early adopters*", hablan del mismo modo que los amantes de los perros: "Twitter es el mejor amigo del hombre de marketing".

Aunque todavía a día de hoy muchos escépticos se empeñen en negarlo, debemos aceptar una realidad reconocida: los Social Media han transformado y lo van a hacer aún más, no sólo la forma en que nos comunicamos, sino también el modo en que vamos a relacionarnos, trabajar y consumir a partir de ahora. Como diría un buen amigo mío, esto no es una opinión, es un hecho.

Tal vez parezca difícil de creer pero, según coinciden muchos de los más importantes analistas, el mundo del marketing ha soportado una transformación mucho más radical en estos últimos cinco años que en los anteriores cien, y en eso tienen mucho que ver Internet y plataformas como Facebook y Twitter.

A la rapidez con la que se está desarrollando el cambio en el modo en que nos comunicamos, no facilita imaginar qué va a ocurrir a seis meses vista. Es decir, estamos ante una realidad que cambia día a día, segundo a segundo.

Figura 2.1. Grandes compañías aún miran a Twitter con recelo y están tratando de entender cómo aprovechar sus ventajas de un modo adecuado.

El uso de los Social Media por parte de compañías y marcas es un hecho, sin embargo la implantación de Twitter dentro de la estrategia del Social Media Plan no es aún tan común.

Compañías de la importancia de Inditex o el Corte Inglés están aún mirando a la plataforma con recelo y tratando de entender cómo aprovechar sus ventajas de un modo adecuado. Ésta es una norma habitual aún, pero también es cierto que existen importantes empresas que han conseguido situarse entre las más vanguardistas y que se mueven sin problemas con estrategias bien aplicadas en Twitter.

Básicamente las razones por las que se mira con cierto recelo a Twitter son dos: el siempre presente pánico a lo desconocido y la incredulidad ante el éxito de su utilización en campañas sociales.

Pues bien, hay varias razones y ejemplos que reflejan, con hechos consumados, que Twitter puede ser una herramienta de marketing online realmente potente, siempre que se utilice de un modo adecuado.

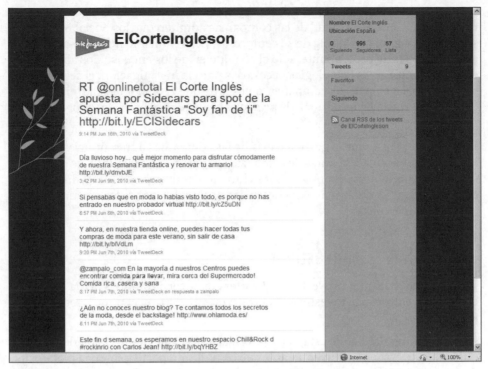

Figura 2.2. Se desconfía de Twitter por el miedo a lo desconocido y por la incredulidad ante su éxito. Por ello, muchos hacen pocos esfuerzos en integrar la plataforma en su Social Plan.

Según un estudio publicado por Meltwater Group, los Social Media se están convirtiendo en un apartado clave dentro de los planes de marketing de las empresas de modo que el 52 por cien de las compañías consultadas contempla las plataformas sociales como parte esencial de sus actividades publicitarias y promocionales. Del mismo modo el 79 por cien considera que los Social Media han ocupado un lugar muy importante dentro del mundo del marketing e incluso el 52 por cien de los encuestados afirma sugerir a sus empleados que muestren entusiasmo por el nuevo fenómeno.

INVESTIGAR Y ANALIZAR PERFILES Y TENDENCIAS

Estamos ante un momento en el que se percibe una prisa generalizada por coger el tren de los Social Media con las audiencias más significativas. Aquí los protagonistas son Twitter y Facebook, por razones obvias. Sin embargo, no basta con coger el tren, es necesario saber cuál será el destino final al que nos llevará.

Como se comentaba en el apartado anterior, el estudio de Meltwater Group revelaba que más de la mitad de las compañías admiten que los Social Media son claves para el marketing de sus empresas, pero el mismo informe también deja un dato muy preocupante, sólo el 20 por cien de los encuestados afirma conocer y utilizar las tecnologías necesarias para la investigación, el seguimiento y la monitorización de las campañas, a pesar de que el 84 por cien admite considerar que la labor de análisis previo es clave para el éxito de un proyecto social.

Esto lleva a pensar que la gran mayoría de las compañías aún renuncia a las labores de investigación antes de comenzar un proyecto, obviando que para diseñar acciones de marketing social es fundamental, como mínimo, disponer de datos detallados sobre nuestra potencial audiencia y sobre los contenidos adecuados para ella.

Por qué hay que investigar

¿Por qué comenzar un proyecto con Twitter con incertidumbre si a día de hoy es posible realizar una investigación previa que muestre el camino a seguir? Es pura lógica.

Debemos entender dónde están las conversaciones, cuáles son las tendencias y quiénes las personas influyentes antes de comenzar a participar en la plataforma de microblogging.

> Investigar no es únicamente utilizar aplicaciones y herramientas para obtener datos, investigar es analizar para sacar conclusiones acertadas gracias a los datos obtenidos.

Aún las compañías no son conscientes de la importancia de esta acción y ni siquiera se plantean que existen cientos de herramientas, en muchos casos incluso gratuitas, que facilitan enormemente esa labor.

> Es necesario considerar los perfiles y los hábitos de uso de la audiencia cuando se trabaja sobre campañas sociales bajo Twitter.

Es cierto que en muchas ocasiones las acciones de comunicación en plataformas como Twitter se plantean bajo el método prueba-error, pero incluso para este tipo de acciones es necesario analizar y conocer los detalles según pasa el tiempo.

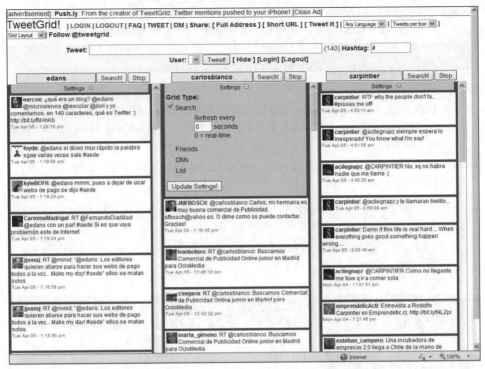

Figura 2.3. Aún muchas compañías no son conscientes de la importancia de una investigación concienzuda del mercado e incluso desconocen que existen cientos de herramientas para realizar esta labor.

Basta con utilizar técnicas básicas de investigación social y de mercado para construir el proyecto sobre una base de conocimiento más sólida que la de la mera intuición, que, seamos sinceros, en la mayoría de los casos, con Twitter no suele funcionar.

> Conocer lo que piensan los clientes sobre la marca o el producto, lo que opinan de los competidores, lo que les interesa, lo que les molesta y lo que los motiva, es la herramienta más potente para conseguir el éxito en Twitter.

Si disponemos de datos de calidad, posteriormente será posible determinar la mejor estrategia de marketing para el Social Media Plan. Una buena investigación previa permite además que la estrategia sea sostenible a largo del tiempo.

Éstas son algunas de las razones más importantes por las que es preciso realizar una investigación previa antes de comenzar una campaña en Twitter:

► Comenzar un proyecto sin investigar es como conducir un coche sin frenos. Comenzar un proyecto en Twitter sin investigar es como conducir un coche sin frenos a alta velocidad.

► Conocer a la audiencia a la que queremos dirigirnos es completamente necesario.

► Identificar los hábitos (temas de sus mensajes, seguidores, seguidos, RT, temas habituales de consulta, favoritos, etc.) de nuestra posible audiencia es clave.

► Reconocer a las personas más influyentes dentro del ámbito en que nos moveremos es vital.

► Escuchar a clientes o posibles clientes es la base más sólida sobre la que se puede asentar una campaña en Twitter.

► Lanzarse a Twitter sólo porque todo el mundo lo hace es exponerse a un fracaso seguro.

Figura 2.4. Si disponemos de datos de calidad posteriormente será más sencillo determinar la mejor estrategia.

Qué características deben tener las herramientas de investigación

Hay muchas herramientas para llevar a cabo esta tarea, por eso es preciso conocer qué características debe cumplir una aplicación, aunque lo normal es que sean varias, para adaptarse a un buen trabajo de investigación.

Figura 2.5. Hay muchas y muy buenas herramientas que permiten personalizar y adaptar el trabajo de investigación.

Éstas son algunas de las características más importantes:

- ▶ El tipo y cantidad de datos que es capaz de ofrecer.

- ▶ El tiempo durante el cual se encuentran disponibles los datos a partir del primer día de uso.

- ▶ Los límites de tiempo, contenidos, palabras, seguidores, consultas y cuentas.

- ▶ El tiempo que precisa para obtener resultados en una nueva búsqueda.

- ▶ La posibilidad de añadir nuevas fuentes de datos para investigar.

- ▶ El tiempo que tarda en reflejar la aparición de nuevos mensajes.

▶ La tendencia de los tipos de contenidos.

▶ La posibilidad de recibir alertas en tiempo real.

▶ El tipo de informes que puede realizar.

▶ La capacidad de exportar los informes a otros formatos y su compatibilidad.

▶ El soporte de atención ante una duda técnica.

▶ La posibilidad de realizar una prueba gratuita.

▶ El coste de la herramienta y si ofrece servicios adicionales de pago.

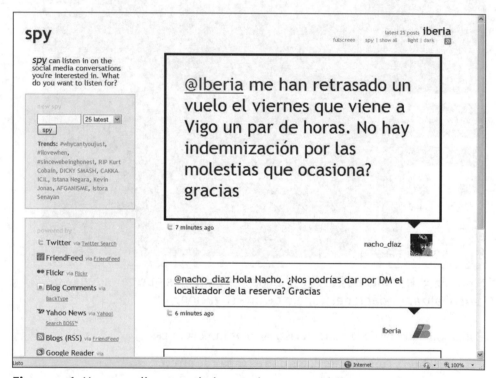

Figura 2.6. Hay que disponer de herramientas versátiles que ofrezcan resultados sin límites de tiempo ni de contenido.

El proceso de investigación

La fase de investigación tiende a ser un proceso que se evita, muchas veces por desconocimiento y otras muchas, la gran mayoría, porque resulta fácil rehuirlo sugiriendo falta de tiempo o de recursos.

Tremendo error, imperdonable actitud. Ningún entrenador profesional del fútbol juega sin portero, ningún profesional de la construcción levanta un edificio sin cimientos.

Las bases sobre las que se sustenta cualquier proyecto Social Media, y especialmente en Twitter, tienen mucho que ver con la previa investigación del mercado social.

En el mundo Twitter tenemos acceso a las opiniones, los deseos y los comentarios de los usuarios. Es el campo de batalla ideal para proyectar e identificar tendencias de mercado.

Es importante también, más allá del análisis cuantitativo o cualitativo, tener en cuenta la labor de recomendación posterior que será necesario hacer en base a los resultados. Por esto es bueno hacer uso de las herramientas de investigación, no sólo para el seguimiento sino para aportar valor a los resultados.

Figura 2.7. Un proceso clave es detectar los líderes de opinión, acceder a sus datos y monitorizar su actividad.

Por tanto, debemos ir todo lo lejos que podamos en la investigación, empleando para ello un buen conjunto de herramientas y aplicaciones que nos permitan llegar a las respuestas necesarias para escoger la táctica correcta en nuestra estrategia en Twitter.

> En muchos casos, la mejor herramienta de investigación es el propio Twitter.

La fase de investigación es la mejor oportunidad para detenerse, mirar y escuchar todo y a todos. Una vez hecho esto, con los datos en la mano, podremos comenzar a construir una estrategia eficaz basada en Twitter.

El resumen del proceso básico de investigación es el siguiente:

1. Seleccionar las herramientas adecuadas de monitorización.

2. Reunir toda la información posible sobre el perfil del público objetivo.

3. Recopilar información clave sobre las características de su comportamiento en Twitter.

4. Monitorizar y analizar el diálogo del público objetivo.

5. Detectar a los líderes de opinión y monitorizar su actividad.

6. Compilar datos acerca de cómo utilizan los perfiles nuestro público objetivo.

7. Recopilar datos concretos sobre la competencia y sus prácticas más habituales.

8. Monitorizar campañas concretas de la competencia.

9. Trabajar sobre indicadores cualitativos y cuantitativos de la marca y la empresa.

10. Trabajar sobre los datos previos de la popularidad de la marca, la cuota de diálogo.

11. Medir la popularidad de la marca y la cuota de diálogo.

ESTABLECER OBJETIVOS PARA COMENZAR LA IMPLANTACIÓN DE NUESTRO TWITTER

Cualquiera que se plantee una acción en Twitter está obligado a considerar que es necesario, tras una investigación y análisis profundos, establecer unos objetivos para la presencia.

Para ello, antes de decidir ponerse manos a la obra, es necesario hacerse una pregunta fundamental: ¿por qué debo crear una cuenta en Twitter? La respuesta ideal es "porque nuestro público objetivo está ahí para poder comunicarle algo".

A partir de aquí todo es más sencillo, ahora sólo falta saber con que objetivo vamos a comunicar. Eso sí, no olvidemos que deben tratarse de uno o varios objetivos realistas, es fácil dejarse llevar por sobrestimaciones, aunque también es sencillo infravalorar las posibilidades.

Figura 2.8. Antes de nada es preciso hacerse una pregunta fundamental: ¿por qué debo crear una cuenta en Twitter? La respuesta ideal es "porque nuestro público objetivo está ahí para poder comunicarle algo".

En este caso deberemos responder a la pregunta ¿Para qué debo crear una cuenta en Twitter? En este caso las respuestas variarán dependiendo de si se trata de una persona, compañía, producto o servicio sobre el que va a pesar la comunicación del perfil.

Por ejemplo, imaginemos que se trata de una persona, de un profesional. Éstos pueden ser algunos de los objetivos que puede plantearse a través de su aparición en Twitter:

Figura 2.9. Cualquiera que se plantee una acción en Twitter está obligado a considerar que es necesario, tras una investigación y análisis profundos, establecer unos objetivos para la presencia.

▶ Para construir mi propia marca personal.

▶ Para destacar como experto en mi sector.

▶ Para aumentar mi red de contactos profesionales.

▶ Para mejorar mí reputación dentro de la empresa.

▶ Para contactar con profesionales destacados de mi sector.

▶ Para convertirme en una persona influyente dentro de mi sector.

▶ Para aumentar lo lectores de mi blog.

▶ Para compartir mi experiencia profesional con otros usuarios.

En caso de tratarse de una compañía, los objetivos deben ser distintos. Algunos ejemplos serían:

- ► Para mejorar la reputación online.
- ► Para ofrecer una imagen mejorada de la compañía.
- ► Para informar sobre los nuevos lanzamientos de productos.
- ► Para crear un gabinete de prensa.
- ► Para aumentar el tráfico del sitio Web corporativo.
- ► Para ofrecer soporte técnico a los clientes.
- ► Para solventar una crisis.

Del mismo modo ocurriría con una marca o servicio. Algunos ejemplos serían:

- ► Para mejorar la imagen de marca.
- ► Para comunicar ofertas especiales.
- ► Para conectar con posibles nuevos clientes.
- ► Para aumentar las ventas.
- ► Para mantener informados a los clientes sobre novedades.

Es fácil encontrar compañías o marcas que contratan a agencias de marketing social con el único objetivo de conseguir una determinada cantidad de seguidores o de menciones, "quiero conseguir 10.000 seguidores" o "quiero 500 menciones en una semana". La verdad es que son actitudes provocadas por el desconocimiento y, lo que es peor, por la nula capacidad de analizar, de cuando menos hacer caso el sentido común.

> En ocasiones se comete un grave error pretendiendo aumentar seguidores a toda costa, de este modo no se escucha y no se conversa con el consumidor, lo que a la larga siempre termina siendo perjudicial.

Éste es un ejemplo claro de cómo a veces se intenta conseguir un objetivo cuantitativo sin disponer de un cualitativo. Es típico encontrarse cuentas de nueva creación ofreciendo descuentos o realizando sorteos con regalos con el único objetivo de atraer seguidores de una manera rápida, pero sin ninguna intención de conseguir alcanzar un objetivo cualitativo como aumentar el prestigio de un producto o conseguir ofrecer mejor información sobre un servicio.

No es malo intentar atraer a muchos seguidores, todo lo contrario, lo que no es lógico es no disponer de un objetivo claro para saber qué hacer con esos seguidores, qué se les va a comunicar, de qué se va a conversar con ellos.

Es muy adecuado intentar analizar si los objetivos de una cuenta Twitter pueden entrar en conflicto. Por ejemplo, intentar ofrecer un soporte técnico puede entrar en conflicto con conseguir un aumento rápido en las ventas. Si esto es así, es el momento de diferenciar los objetivos con cuentas distintas.

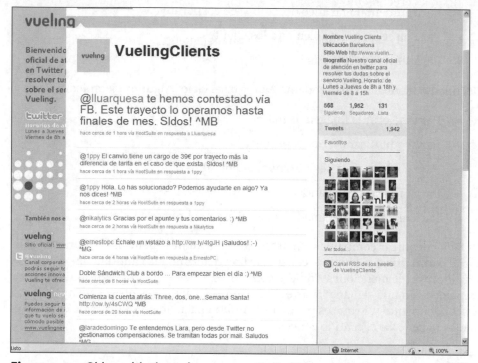

Figura 2.10. Si los objetivos de una cuenta Twitter pueden entrar en conflicto es mejor comunicar a través de cuentas distintas. Por ejemplo, intentar ofrecer soporte técnico puede entrar en conflicto con conseguir un aumento rápido en las ventas.

De este modo podríamos reformular la pregunta anterior, en este caso sería: ¿para qué debo crear 10.000 seguidores en una cuenta en Twitter? La respuesta está en los objetivos anteriores: para comunicar ofertas especiales, para mejorar la reputación online...

Por esta razón, la "miopía" para visualizar correctamente los objetivos, es mejor procurar ir de menos a más, intentar no abarcar un espectro demasiado amplio desde el inicio.

Un consejo: es mejor disponer de un objetivo claro que pueda alcanzarse consiguiendo poco a poco metas cercanas.

DEFINIR LOS COMPONENTES ESTRATÉGICOS DE UNA CAMPAÑA EN TWITTER

Un estudio de mediados de 2011 desarrollado por IBM reveló que muchas las empresas están perdiendo la oportunidad de utilizar los Social Media para impulsar su crecimiento y sus ventas, debido a que no han logrado saber qué quieren realmente los consumidores de estos canales.

Básicamente el informe indica que existe un malentendido entre las empresas al creer que los usuarios quieren sentirse parte de una comunidad mientras que realmente la mayoría de los consumidores dicen que las razones principales que encuentran para interactuar con las empresas en los Twitter o Facebook son para recibir descuentos y hacer compras.

Básicamente, si revisamos estos datos nos encontramos ante un clásico de los Social Media, el hecho de aportar valor al usuario, el hecho de producir satisfacción a nuestro visitante. La realidad es que el usuario se muestra como un "auténtico egoísta" en su trato con Twitter o Facebook, la experiencia dice que un usuario quiere descuentos, promociones, ahorros, regalos... como en la vida real. También valora el contenido atractivo e interesante pero si puede sacar un provecho económico de su tiempo, se sentirá mucho más querido. Las marcas o empresas que mejor han entendido las reglas del juego son las que se están comenzando a situar en mejor posición a la hora de aprovechar todas las posibilidades que ofrece Twitter al respecto.

Teniendo en cuenta estos datos, el hecho estratégico de definir los componentes de una campaña en Twitter es uno procesos más importante y a la vez más complicados.

La acción de definición de la estrategia debe indicar claramente cuales son los objetivos y alinearlos al máximo con el público objetivo, para finalmente diseñar el plan estratégico de acuerdo con la investigación previa.

Es muy importante definir basándose en una métrica cuantitativa completamente alineada con la idiosincrasia de Twitter, es decir, definir número de seguidores, tweets más seguidos, influencia, menciones, retweets, etc.

El resumen del proceso básico es el siguiente:

1. Definir la propuesta en Twitter sobre objetivos medibles y completamente específicos.

2. Definir el público objetivo, segmentando y priorizando.

3. Determinar los recursos a utilizar considerando los humanos y los técnicos.

4. Asignar los plazos de tiempo necesarios para procesar la campaña.

5.   Alinear los objetivos con métricas económicas trazables.

6.   Definir el tiempo necesario para conseguir los objetivos.

7.   Definir la estrategia.

ENTONCES... ¿QUÉ SE PUEDE OFRECER?

Es el momento de decidir cuál va a ser el contenido que se va a ofrecer la cuenta Twitter, lo que vamos a ofrecer a nuestros seguidores, eso que nos hace únicos, aquello que nosotros sabemos antes que los demás, esa nueva fórmula creativa de comunicar... en definitiva el contenido con valor diferencial.

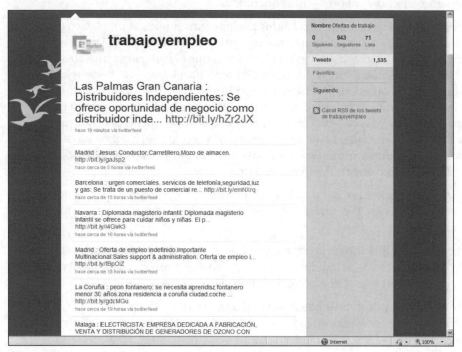

Figura 2.11. El tipo de contenido es la pieza fundamental en la estrategia de comunicación a través de Twitter. Absolutamente todo lo que se emplea para contar algo y comunicarse a través de Twitter es contenido.

Por ello conviene hacerse algunas preguntas para conocer más datos previos sobre el público objetivo y enlazar sus preferencias con el contenido ¿Cuáles son esos datos? Posiblemente aquellos que intentaríamos extraer si tuviéramos la capacidad de acceder al cerebro de cada uno de nuestros posibles clientes. Entre otros:

- ▶ Si es un cliente potencial o no.

- ▶ Cuál es la razón por la decide consumir un determinado producto o servicio.

- ▶ Qué le gusta realmente sobre un producto o servicio.

- ▶ Cómo actúa ante cambios y ajustes en sus productos de consumo.

- ▶ De qué modo es posible convencerle para atraerle a mi producto o servicio.

El tipo de contenido es la pieza fundamental en la estrategia de comunicación a través de Twitter. Desde luego no creo que sea una afirmación que sorprenda a nadie y en Twitter menos aún, el contenido es el mensaje y es el arma fundamental para generar interés.

En Twitter las conversaciones, los mensajes publicados, son la base sobre la que se sustenta el contenido.

A muchos les puede salir una media sonrisa cuando se habla de contenido en Twitter: "¿Con sólo 140 caracteres? Es imposible ofrecer contenido de calidad y con un valor añadido con esa limitación". Nada más lejos de la realidad, si comenzamos por aceptar que el contenido es todo aquello que empleamos en un tweet, incluso hasta el último signo de puntuación, entonces podemos entender que disponemos de posibilidades ilimitadas.

Absolutamente todo lo que se emplea para contar algo y comunicarse a través de Twitter es contenido.

La estrategia de contenidos

Unas simples palabras con un enlace a las que se suman una emoción a través de un emoticón y una pequeña broma entre paréntesis pueden incorporar mucho más talento que páginas completas de un libro. Su éxito va a depender de la estructura del mensaje, del modo en que se transmite, de la capacidad de sorprender, de la calidad de la información y, fundamentalmente, de cómo va a ser percibido por éste. Por eso es clave cuidar hasta en el último detalle todo lo que se publica en Twitter.

Ésta es la razón fundamental por lo que detrás del contenido debe haber una estrategia, con mayor o menor detalle, pero una estrategia que trace el sentido y la dirección de lo que se va a ofrecer.

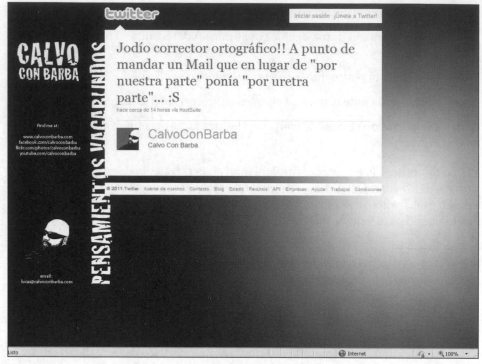

Figura 2.12. Si aceptamos que el contenido es todo aquello que empleamos en un tweet, incluso hasta el último signo de puntuación, entonces podemos entender que disponemos de posibilidades ilimitadas.

Hace algún tiempo un post de Rachel Lovinger denominado "Content Strategy: The Philosophy of Data" hacía un resumen, en mi opinión muy acertado, desgranando las bases de la historia que se debe contar a través del contenido.

Básicamente estos eran los puntos más importantes:

▶ Definir el público objetivo y definir sus necesidades de información.

▶ Establecer cuál es el contenido relevante para el público objetivo.

▶ Diseñar el modo en que trasladaremos esa información relevante.

▶ Estructurar los mensajes de modo que sean fácilmente accesibles, por usuarios y buscadores.

▶ Aplicar eficiencia y flexibilidad al proceso, de modo que se puedan cubrir todas las necesidades de contenido durante la evolución de la campaña.

Figura 2.13. Twitter está cargado de cuentas, casi anónimas, que están haciendo cosas espectaculares gracias a la buena utilización de la herramienta y, fundamentalmente, porque han conseguido cautivar a sus seguidores a través del contenido que ofrecen.

Algunas ideas

Llegados a este punto estamos ante el reto más importante a la hora de encauzar la comunicación a través de Twitter, el tipo de contenido que se va a ofrecer. Es el momento de aceptar que sólo si somos originales y aportamos contenido de valor a los usuarios, éstos lo apreciarán e incluso lo compartirán. Imaginemos que somos una compañía que se dedica al mundo de la decoración con vidrio.

¿Qué puedo ofrecer yo a mi público objetivo? ¿Un cristalero en Twitter? Se me ocurre que, de un modo muy básico y sin plantear un objetivo previo, su información corporativa podría incluir contenido de este tipo:

► Noticias sectoriales.

► Información sobre productos novedosos (cristales de colores, con leds internos, escaparates).

▶ Opiniones sobre productos y servicios sectoriales (maquinaria, nuevos herrajes).

▶ Datos sobre ferias sectoriales (expositores, novedades, charlas).

▶ Servicios con valor añadido (comentarios, opinión, soluciones de expertos).

▶ Productos con un descuento muy especial (rebajas, outlet, rebajas en montajes, productos de decoración).

▶ Podcasts sobre temas especializados (para decoradores, para interioristas, para arquitectos).

▶ Servicios de apoyo y soporte a la comunidad sectorial.

▶ Críticas de productos o servicios (proveedores, clientes, instalaciones).

▶ Contenidos de referencia (catálogos, precios, actualizaciones).

▶ Bolsa de trabajo.

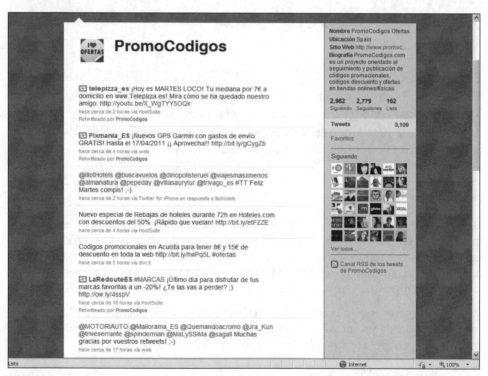

Figura 2.14. Detrás del contenido debe haber una estrategia, con mayor o menor detalle, pero una estrategia que trace el sentido y la dirección de lo que se va a ofrecer.

Hay que tener en cuenta que Twitter está cargado de perfiles de empresas pequeñas, casi anónimas, que están haciendo cosas espectaculares gracias a la buena utilización de la herramienta y, fundamentalmente, porque han conseguido cautivar a sus seguidores a través del contenido que ofrecen y a su creatividad.

EL CUESTIONARIO DE PUESTA EN MARCHA

Una vez que hemos decidido tener presencia en Twitter, debemos tener claro que no basta con hablar de número de seguidores, hashtags o retweets. El éxito de visibilidad en Twitter es algo mucho más serio que todo eso, es una cuestión tanto cuantitativa como cualitativa, que nos obliga a comenzar directamente con unas pautas a seguir muy claras.

Después de configurar y trabajar sobre la estrategia a seguir, es el momento de confirmar que todo ha quedado claro. Para ello he preparado un pequeño listado con quince afirmaciones que es necesario revisar. El éxito del proyecto en Twitter Media va a tener mucho que ver con el número de respuestas afirmativas a cada una de las propuestas. Ahí van:

▶ He identificado a las personas que van a ser responsables del proyecto.

▶ He establecido unos objetivos claros y medibles de lo que va a ser el proyecto.

▶ He detectado cuáles son las herramientas adecuadas para el seguimiento y la monitorización.

▶ He creado una lista de los términos de búsqueda que identifican las conversaciones más relevantes para el proyecto.

▶ He puesto en funcionamiento las herramientas de monitorización adecuadas para el seguimiento de las conversaciones.

▶ He investigado y dispongo de datos reales sobre lo que está haciendo la competencia.

▶ He establecido procesos y procedimientos para que la información fluya convenientemente.

▶ He creado políticas claras para dar cobertura a la conversación en la comunidad.

▶ He identificado a los líderes de opinión más relevantes del sector.

▶ He creado un plan de desarrollo de contenidos.

▶ He establecido una política de contenidos que asegure su calidad y que estos resulten interesantes y atractivos para el público objetivo.

▶ He asegurado la viralidad de los contenidos para que puedan ser fácilmente compartidos.

▶ He invitado a líderes de opinión social a que sigan la cuenta.

▶ He establecido un programa SEO para aumentar la visibilidad.

▶ He detectado cuáles son las herramientas adecuadas para proceder a la analítica.

IMPORTANTE, DESARROLLAR UNA "STRATEGY WORKSHEET"

Las empresas están acostumbradas cada vez más a la inmediatez de resultados. Pues bien, Twitter no funcionan bajo los parámetros tradicionales, es un camino de largo recorrido.

A pesar de lo que se puede leer en algunos medios, no se consigue nada de un día para otro, hay mucho trabajo y mucho tiempo detrás de las cosas que parecen más sencillas.

Básicamente se pueden lograr resultados extraordinarios ofreciendo credibilidad y siendo capaz de entender y responder a las necesidades de los usuarios en tiempo real.

Por esto se hace necesario disponer de unas políticas claras, es preciso trazar una estrategia con un plan táctico de acción que permita lograr los resultados deseados. Es el momento de elaborar un plan estratégico que tenga en cuenta los objetivos analizados que debemos alcanzar y, muy importante, los detalles sobre la ejecución.

En general, observando Twitter y analizando muchas de las cuentas corporativas no se detectan estrategias claras, más bien parece que la moda y la audiencia de la plataforma han obligado a su inclusión en los planes de comunicación de muchas compañías.

Para ello deberemos preparar tácticas que incluyan calendarios de ejecución, campañas, roles y responsabilidades y procedimientos adecuados para la estrategia elegida.

Una buena fórmula es disponer de una hoja de ruta que permita ir completando todas las fases. Podría ser ésta:

- ▶ Formulación del proyecto.
- ▶ Objetivos.
- ▶ Calendario de ejecución.
- ▶ Autoría de la cuenta.
- ▶ El tono de la conversación.
- ▶ Plan de contenidos y fuentes.
- ▶ Hashtags y creatividad.
- ▶ Vínculos y acortamiento.
- ▶ Procesos de retweet.
- ▶ Acciones de seguimiento.
- ▶ Política de cuentas.

Figura 2.15. A pesar de lo que se puede leer en algunos medios, no se consigue nada de un día para otro, es necesario mucho trabajo y mucho tiempo. Eso es algo que aún muchos no han entendido.

3. Presentarse en sociedad

LA IMPORTANCIA DE DISPONER DE UN PERFIL ADECUADO A LA ESTRATEGIA

Sí, es verdad, se me olvidaba, para estar en Twitter y participar, es necesario disponer de una cuenta. Qué fallo. Sin embargo no basta con crear la cuenta, ése es el paso más sencillo y menos importante, es pura rutina.

Lo realmente importante es disponer de una cuenta donde básicamente se muestre quiénes somos y qué hacemos, luego a través del contenido ya difundiremos el valor diferencial.

Por ello es necesario poner especial interés en configurar la cuenta de una manera adecuada a las necesidades del objetivo que se pretende conseguir con Twitter.

Hay mucho por hacer. Lo primero y más sencillo es dar de alta una cuenta. Lo siguiente y más complicado es configurarla adecuadamente.

Hay que tener en cuenta que Twitter es una herramienta con un carácter muy especial en la que a partir de una operatividad muy simple se están comenzando a desarrollar con gran éxito estrategias de aplicación muy diferenciadas.

Figura 3.1. Es realmente importante disponer de una cuenta donde básicamente se muestre quiénes somos y qué hacemos.

El hecho de elegir un nombre de usuario, un nombre real, una localización y una imagen gráfica para un perfil profesional es un proceso que requiere una estrategia y que obliga a seguir unos parámetros de control de vital importancia para conseguir los objetivos planteados previamente.

¿Por qué es tan importante? A continuación se muestran cinco razones vitales por las que es necesario prestar atención a un perfil en Twitter, según `SocialBlaBla.com`:

1. Si el objetivo es tener una marca, un perfil adecuado en Twitter (y en cualquier otro Social Media) es fundamental.

2. Es la puerta de entrada para establecer contactos, hacer *networking*. Cuesta fiarse de una cuenta que no tiene nombre, fotografía, un link de referencia y que, en general, no dice nada en su Biografía.

3. En caso de necesidad deben poder encontrar el perfil y llegar rápido a él. Es preciso ahorrar el trabajo de la audiencia. Con una identificación correcta el camino hasta la cuenta es más rápido.

4. Es más sencilla la ubicación de la cuenta en listas: periodistas, comunicadores, Social Media, etc. En Listorius (`Listorius.com`) se pueden ver diversos perfiles y valorar la importancia de una buena Biografía.

5. Los detalles cuentan para llegar a más usuarios.

QUÉ NOMBRE USUARIO ELEGIR: COMPAÑÍA, MARCAS Y SERVICIOS

Cuando uno se llama Óscar Rodríguez, Antonio Fernández o Pedro García, además de que queda completamente excluida cualquier ascendencia nórdica, lo más normal es que resulte difícil encontrar un nombre de usuario libre con cierta cercanía al tuyo. Tampoco lo tienen fácil compañías con denominaciones como Repostería Martínez o Conservas Dani.

Figura 3.2. Encontrar un nombre de usuario libre adecuado para una cuenta personal o corporativa es difícil. La primera elección de nombre es casi imposible.

A día de hoy, ya son más de 200 millones las cuentas dadas de alta en Twitter con lo cual es fácil adivinar lo complicado que puede resultar a veces encontrar un nombre de usuario libre adecuado para una cuenta personal o corporativa, la primera elección de nombre es casi imposible. Nadie ha dicho que todo fuera a ser sencillo, esto es simplemente uno de los primeros escollos que hay que sortear, ya que elegir el nombre de usuario de un perfil Twitter no siempre resulta tan sencillo como parece.

Antes que nada es preciso recordar que un nombre de usuario sólo puede llegar a 15 caracteres como máximo. Bienvenido al mundo de lo conciso.

En muchos casos es habitual comenzar la casa por el tejado, es decir, eligiendo un nombre sin pensar y comenzando a escribir. Mal, muy mal. La cuenta Twitter y su nombre son la imagen propia o de nuestra empresa, por eso una elección adecuada es muy importante. De este modo, previamente es necesario decidir qué tipo de impacto se desea transmitir, es mucho más importante de lo que podemos imaginar, el nombre de usuario afectará de alguna manera a la sensación que transmitiremos al resto de usuarios de Twitter.

Figura 3.3. La cuenta Twitter y su nombre son la imagen propia o de nuestra empresa, por eso una elección adecuada es muy importante.

No es adecuado elegir la primera palabra que nos venga a la mente, elegir el nombre de la cuenta es una operación sencilla de realizar, pero que a la larga resultará fundamental.

Un determinado nombre de usuario puede afectar positiva o negativamente en la forma en que otros usuarios nos ven. Puede resultarles interesante, agradable o puede que alguien piense que debe bloquear el contenido de la cuenta, sólo por su nombre.

Técnicamente, el nombre de usuario se puede cambiar. Basta con acceder al panel de control de la cuenta y seleccionar la nueva forma en que los seguidores la identificarán en Twitter.

Entre las opciones existen varias posibilidades para empezar a hacer un pequeño *braingstorming*. Una de ellas es el tipo de denominación, pueden elegirse del tipo:

▶ Nombre de la persona o empresa.

@BillGates.

▶ Nombre de marca, producto o servicio.

@Microsoft, @Windows, @IE.

▶ Nombre del sitio Web corporativo.

@WindowsLive, @MicrosoftHelps.

▶ Nombre del Blog.

@MSBlog, @WindowsBlog.

▶ Nombre genérico de sector o actividad.

@CEOBill, @GatesFoundation.

Un dato importante: es preferible tener un nombre corto, es mucho más operativo a la hora de que los seguidores hagan RTs.

Como ayuda, existen herramientas que facilitan la labor, ya que permiten realizar una búsqueda rápida por nombres de usuario. Tweexchange (Tweexchange.com) es una de las más sencillas y productivas ya que, además de permitir ver los nombres disponibles en Twitter, ofrece el resultado de búsquedas de términos parecidos e incluso de dominios .com cercanos al término buscado, en caso de que también necesitemos asignarlo a un sitio Web.

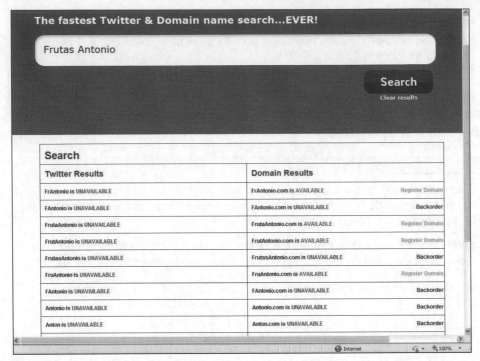

Figura 3.4. Existen aplicaciones online que nos ayudan a buscar nombres libres y adecuados para una cuenta Twitter.

Un consejo muy personal: una vez dentro del proceso de búsqueda de nombre, no está de más, después del comentado *braingstorming*, dejar "descansar" el proceso durante unas horas, incluso algún día, para ir viendo de qué modo se adaptan los términos al paso del tiempo y cómo nos sentimos de a gusto con ellos.

> Para no fallar, lo mejor es un nombre que sea fácil de recordar, que refleje quién eres y que muestre a lo que te dedicas. Difícil, ¿verdad?

A continuación propongo una lista de consideraciones que se deben tener en cuenta antes de seleccionar el nombre "perfecto" para una cuenta Twitter. Son las siguientes:

▶ Muy corto, mejor que sólo corto.

  Un nombre corto ofrece grandes ventajas, lo hace fácil de recordar y facilita que el resto de usuarios haga RTs. Pueden usarse términos cortos y abreviaturas, pero siempre que sean fáciles de recordar y que no compliquen el término. Es decir, @UserCorto.

▶ Ser nosotros mismos, siempre.

Lo mejor, lo ideal, lo que todo usuario de Twitter debería tener su nombre real, el de su compañía, el de su marca, etc. La transparencia es una ventaja diferencial en Twitter, pues bien, no conviene esconderse, conviene facilitar que nos encuentren y si es con nuestro nombre, mucho mejor. Comunicar con clientes o usuarios a través de cuentas como `@CervezaASaco` o `@SubeYPedalea`, probablemente no sea la mejor decisión, aunque nunca se sabe.

Figura 3.5. Más que nunca, en la época de los Social Media es una auténtica condena llamarse Alejandro Sanz o Xavi Alonso.

Todo usuario de Twitter debería poder disponer de su nombre real. Al fin y al cabo, si lo que quieres es esconderte, ¿qué estás haciendo en Twitter?

▶ Considerar la acción, ante la reacción.

¿Cómo puede reaccionar un cliente o usuario ante un determinado nombre de cuenta? Es muy importante pensar en la reacción que tendrá el otro usuario al recibir nuestro tweet. Por eso, lo mejor es medir bien cuál va a ser la estrategia de comunicación que se va seguir en Twitter y actuar en consecuencia.

▶ Si no está libre, toca ser creativo.

Fundamentalmente porque aunque parezca increíble, a estas alturas ya están en uso gran cantidad de nombres y acepciones, cerca de 200 millones. El problema comienza cuando el nombre o marca están ocupados, entonces hay que recurrir a la originalidad y la creatividad.

Figura 3.6. Creatividad, originalidad y más creatividad. Es bueno distinguirse del resto de usuarios y si además es con talento, mucho mejor.

▶ Muy importante, diferenciarse.

Es bueno distinguirse del resto de usuarios. `@FrutasLuisa`, `@FrutasLuis` y `@FrutasLuisi` pueden sonar a la misma frutería para el usuario. Si un nombre de usuario es similar al de otra persona o negocio, probablemente termine ocasionando problemas a la hora de distinguirlo. Si son nombre ya utilizados, qué tal `@FRUTA_aldia_LUIS`. Seguro que todo el mundo lo recordará.

▶ *Networking*, también en el nombre.

No es mala idea tratar de integrar la ocupación o la empresa en el nombre del perfil. Funcionan muy bien cuentas como `@JoseTelecinco`,

@JuanBBVA o incluso @SEO_LuisBlanco. Es un buen modo de unir la actividad profesional o la marca con el nombre y un modo de ser fácilmente identificable.

▶ El guión bajo, un recurso de altura.

El guión bajo resulta un recurso muy útil para intentar conseguir un nombre de usuario real. Se puede utilizar para separar el nombre de los apellidos, también delante, o detrás e incluso en varias ocasiones. Con la falta de disponibilidad, su uso es cada vez más habitual. Es fácil ver en cuentas de perfiles personales como @Paco_Perez, @__torresYcarrera, @__ImportExport__.

▶ Una mayúscula a tiempo es una victoria.

Bien utilizadas y en el sitio adecuado, una mayúscula puede conseguir que un nombre de usuario tenga un impacto especial. Realmente Twitter trata igual las mayúsculas que las minúsculas, pero es a la hora de mostrarlo cuando podemos diferenciar cuando puede ser importante. Por ejemplo, es mucho más fácil leer un nombre como @HoySoyMasGrande que @hoysoymasgrande. El uso de mayúsculas en aún más útil a la hora de separar denominaciones de empresas como @ClinicaOsoPolar, @BarLosTorreones o incluso @AsesoriaLolaRey.

▶ El término, siempre positivo.

No es adecuado ni para la imagen personal ni para la de una marca que se vea unida a una palabra fea o malsonante. Nunca se sabe quién lo puede leer y... tampoco ofrece nada interesante.

▶ Con cuidado, no usurpar identidades.

Más que nunca, en la época de los Social Media es una auténtica condena llamarse Alejandro Sanz o ser propietario de una compañía denominada VitalDental. A pesar de eso, incluso aunque sea el nombre real, no conviene usurpar una identidad que pueda parecer que no es la tuya. La solución pasa para buscar algún elemento de diferenciación que nos haga únicos, es mejor crear una cuenta como @SanzAlex o @AlexS.

▶ Engañar o comerciar, nada de eso.

Un usuario con cierta experiencia puede detectar un bot en Twitter de un simple vistazo. Por lo general, nombres como @LibrosGratisPDF, @DescargarSinPagar, son generalmente sinónimos de un fraude evidente. En ocasiones, aunque tratemos de conseguir un término para un negocio serio, sin saberlo formulamos nombres o *claims* que pueden generar rechazo. Además, lo comercial tratado de un modo tan directo, no funciona en Twitter.

CONSTRUIR UN FUTURO EN TWITTER, CREAR UNA CUENTA PROFESIONAL

El proceso de creación de una nueva cuenta en Twitter es sumamente sencillo. Para los menos iniciados puede parecer que son pocas las opciones e incluso que las posibilidades para rellenar los campos son demasiado escuetas.

Da rabia disponer de 20 caracteres para completar el nombre del perfil público pero... es hora de acostumbrarse al rey de lo conciso. Bienvenido a Twitter.

Partiendo de la premisa de que vamos a trabajar como profesionales que van a dar de alta un nuevo servicio, no debemos dejar de lado una previa planificación.

Si hemos llegado hasta aquí sin disponer de un objetivo claro con respecto a Twitter y simplemente vamos a dejar que las cosas ocurran, mal comenzamos, necesitamos algo más, es mejor pegar un vistazo a los dos primeros capítulos... por favor.

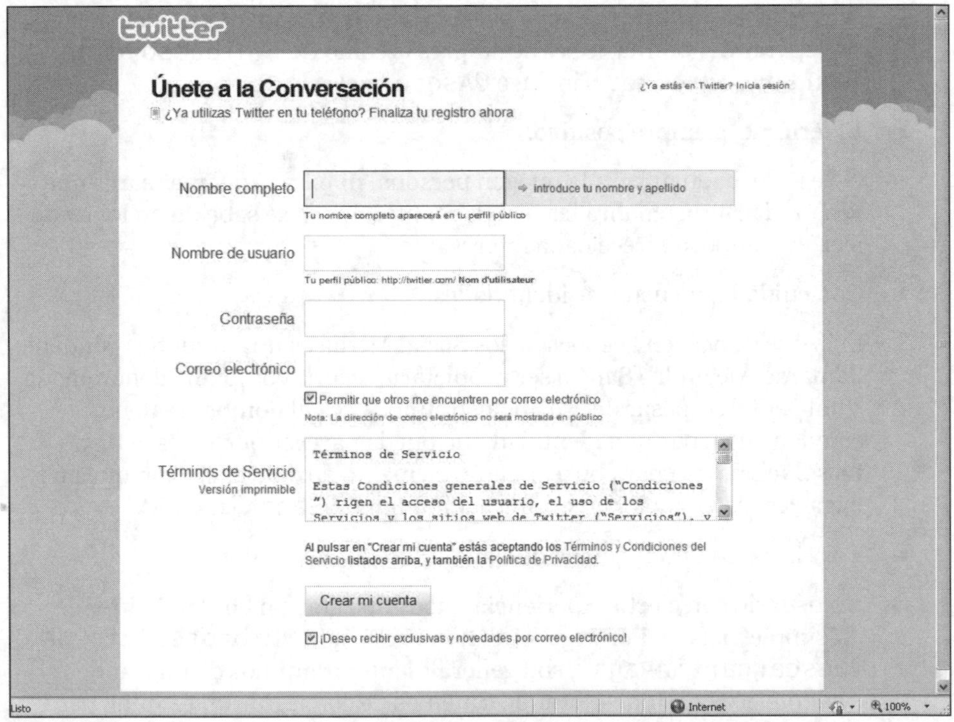

Figura 3.7. El proceso de creación de una nueva cuenta en Twitter es sumamente sencillo. Pocos campos y escuetas capacidades son la tónica.

Pues bien, ha llegado el momento. Lo primero es acceder a la página de Twitter (Twitter.es) y pulsar sobre el botón **Regístrate**, situado en la zona superior derecha. A continuación accederemos a la pantalla Únete a la Conversación. Pues bien, ya estamos dispuestos para comenzar. En esta pantalla debemos rellenar los siguientes campos:

▶ **Nombre completo**.

Sobre esta casilla deberemos introducir el nombre que se asignará al perfil público de nuestra cuenta. No es el nombre de la cuenta, por decirlo de alguna manera es el nombre del propietario de la cuenta. En esta opción disponemos de la limitación de 20 caracteres, con lo cual no hay mucho espacio para florituras.

▶ **Nombre de usuario**.

Una vez introducido el nombre completo del propietario es necesario asignar el nombre de la cuenta de Twitter. Para ello deberemos pulsar sobre el cuadro de texto Nombre de usuario y comenzar a teclear. Éste es el nombre de la cuenta, es decir, el que verán usuarios en general y seguidores seguido de la arroba. Por ejemplo, @NombreDeUsuario. En esta opción disponemos de la limitación de 15 caracteres.

▶ **Contraseña**.

Seguidamente debemos introducir la contraseña. La opción nos obliga a introducir un mínimo de seis caracteres y disponemos de más de 20 para introducir una password lo más "fuerte" posible. Es bueno recordar que la fortaleza de la contraseña va a depender de su longitud y de la combinación de letras, números y signos. Véase la figura 3.8.

▶ **Correo electrónico**.

Una vez hecho esto, es necesario introducir el nombre de una cuenta de correo electrónico real y a la que se pueda tener acceso de inmediato. Es un paso obligatorio ya que, tras finalizar el proceso, Twitter envía un correo electrónico de confirmación que incluye un link sobre el que hay que pulsar. Otro dato a tener en cuenta es que la cuenta de correo electrónico no puede haber sido asignada previamente a otro perfil de Twitter ya que el sistema no lo permite. Si es así, si se introduce el nombre de una cuenta de correo ya utilizada, la casilla ofrece el mensaje "Ese correo electrónico ya está siendo utilizado".

Twitter no permite asociar dos cuentas distintas a una única dirección de correo electrónico, si se intenta aparece el mensaje "Ese correo electrónico ya está siendo utilizado" y no permite continuar. Véase la figura 3.9.

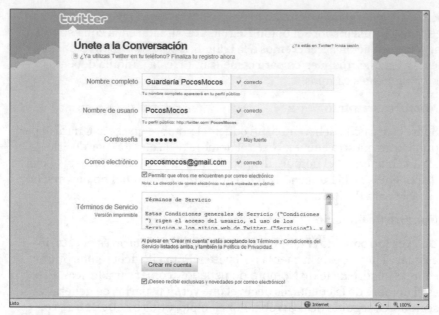

Figura 3.8. Es muy importante disponer de una contraseña en la que la combinación de números, letras y signos la hagan "fuerte".

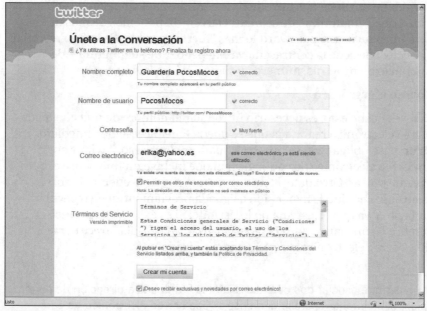

Figura 3.9. La dirección de correo electrónico no puede haber sido asignada previamente a otro perfil de Twitter ya que el sistema no lo permite.

Tras esto se encuentra una casilla de verificación que puede ser activada o desactivada (ojo, aparece activada por defecto) para permitir que el correo electrónico que se indicó en el paso anterior se indexe y facilite la posibilidad de que cualquier otro usuario pueda encontrarnos si lo conoce.

Como ya se ha comentado con anterioridad, Twitter no permite asociar dos cuentas distintas a una única dirección de correo electrónico. Pues bien, hay un pequeño truco que puede resolver esta limitación. El principal requisito para llevarlo a cabo es disponer de una cuenta en Gmail (`Gmail.com`). Por el tipo de configuración que tienen las cuentas de correo de Gmail permiten agregar puntos en cualquier lugar del nombre de usuario manteniendo la equivalencia con la dirección original. De algún modo, Gmail ignora los puntos introducidos en el nombre de usuario. Por ejemplo, `micorreo@gmail.com` equivale a `mi.correo@gmail.com`, también a `m.i.correo@gmail.com` e incluso a `mi...correo@gmail.com`. De este modo podemos generar distintas cuentas para Twitter que tendrán como destino final el correo electrónico original.

▶ **Términos del Servicio**.

En el apartado **Términos del Servicio** aparece el texto con los Términos y Condiciones del Servicio. Son cerca de seis folios impresos que indican las condiciones que acepta todo aquel que crea una nueva cuenta en Twitter. Estas normas obligan a utilizar el sitio, el contenido y el servicio de conformidad con la ley y la propia compañía. Conviene admitir que la práctica de pasar por alto su lectura lo hacen la gran mayoría de los usuarios, no por habitual es adecuada. El documento explica aspectos tan importantes como a quién pertenecen los tweets, indicaciones sobre la publicidad, detalles sobre las aplicaciones de terceros, comportamiento ante el spam, etc. Cuando menos, no viene mal echar un vistazo.

▶ **Deseo recibir exclusivas**.

Ésta es una casilla de verificación situada bajo el botón **Crear mi cuenta**. Su activación conlleva la aceptación para recibir notificaciones y correos electrónicos comerciales por parte de Twitter. Aparece activa por defecto, con lo cual es necesario pulsar sobre la casilla para desactivar la opción.

Ya está todo completado. Para finalizar el proceso basta con que pulsemos en el botón **Crear mi cuenta**. Ahora ya podemos comenzar a usar Twitter. Bueno, eso no es verdad del todo, tras pulsar el botón **Crear mi cuenta** el sistema enviará un correo electrónico a la dirección indicada durante el proceso de creación de la cuenta, de modo que será necesario confirmar la cuenta para que ésta esté operativa del todo. Para ello debe pulsar sobre un enlace que aparece en él, hasta ese instante no se dispone de un acceso total y Twitter puede desactivar la cuenta.

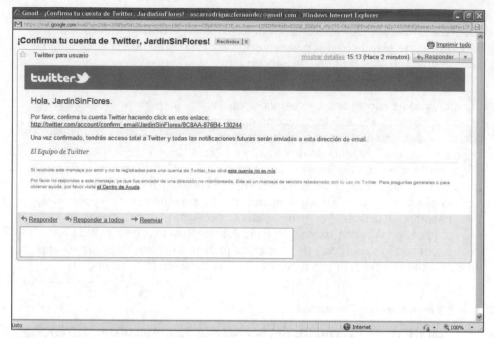

Figura 3.10. El sistema envía un correo electrónico a la dirección indicada durante el proceso de creación de la cuenta, de modo que será necesario confirmar la cuenta para que ésta se encuentre operativa del todo.

LOS PRIMEROS PASOS DE CONFIGURACIÓN

Nada más dar de alta una cuenta, tras pulsar el botón **Crear mi cuenta**, el servicio lleva directamente a un panel de control temporal que ofrece un proceso paso a paso para realizar las primeras configuraciones del perfil en Twitter. Véase la figura 3.11.

La primera pantalla muestra el apartado Categorías, en ella es posible seleccionar por temática a los primeros usuarios a seguir. En ella aparecen las categorías temáticas típicas como Cine, Deportes, Literatura, Música, etc. Tras pulsar sobre ellas es posible acceder a los usuarios destacados de cada categoría y a los datos específicos de las cuentas como descripción, tweets, seguidos, seguidores y listas.

Una vez seleccionados a los primeros seguidos estamos en disposición de acceder al siguiente paso del proceso. Para ello es preciso pulsar el botón **Próximo paso Amigos**, situado en la zona inferior de la pantalla. Éste deja paso a una nueva pantalla que ofrece la posibilidad de revisar qué contactos habituales disponen de cuenta en Twitter, de modo que se puedan añadir automáticamente como seguidos. Para esta labor se dispone de opciones para revisar los datos de cuentas de correo electrónico en Gmail, Yahoo y Hotmail e incluso para perfiles de AOL y LinkedIn. Al conectar con cualquiera de ellas el sistema accede directamente a los contactos de la libreta de direcciones, muestra un listado con aquellos que disponen de perfil en Twitter y su consiguiente botón para seguirlos. Véase la figura 3.12.

Figura 3.11. Nada más dar de alta la cuenta, el servicio lleva directamente a un panel de control temporal que ofrece un proceso paso a paso para realizar las primeras configuraciones del perfil en Twitter.

Una vez hecho esto, sólo queda pulsar sobre el botón **Terminar**, situado en la parte inferior, para acceder a la pantalla principal de la cuenta, donde se encuentran disponibles todas las opciones de gestión y configuración.

CREAR MÚLTIPLES CUENTAS... DIVIDE Y VENCERÁS

¿Crear cuentas múltiples o centrar todos los esfuerzos en una única cuenta? En varias ocasiones, fundamentalmente en los comienzos de Twitter, he dialogado con otros profesionales sobre las bondades de disponer de más de una cuenta en

Twitter e incluso sobre qué numero de perfiles Twitter era posible manejar sin que supusiera un caos personal o profesional. Eran tiempos en los que aún no existían aplicaciones cliente que permitieran gestionar varias cuentas, con lo que el proceso de trabajo era insoportable.

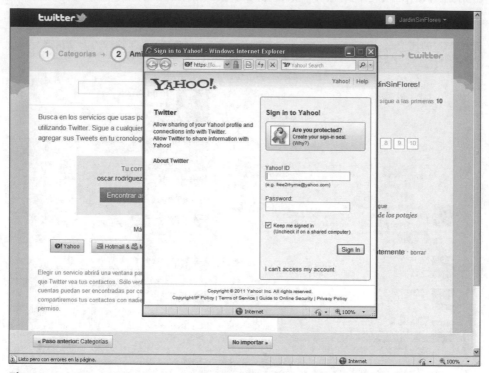

Figura 3.12. Twitter permite revisar los datos de cuentas de correo electrónico en Gmail, Yahoo y Hotmail e incluso para perfiles de AOL y LinkedIn.

A día de hoy no existe esa limitación, actualmente resulta sencilla la gestión de varias cuentas desde un mismo interfaz e incluso existen aplicaciones que posibilitan la gestión de varias cuentas a grupos de trabajo con múltiples accesos simultáneos.

Existen aplicaciones online que permiten la gestión de varias cuentas de un modo simultáneo. Las más conocidas son las siguientes: Splitweet (`Splitweet.com`), TweetDeck (`Tweetdeck.com`), HootSuite (`Hootsuite.com`).

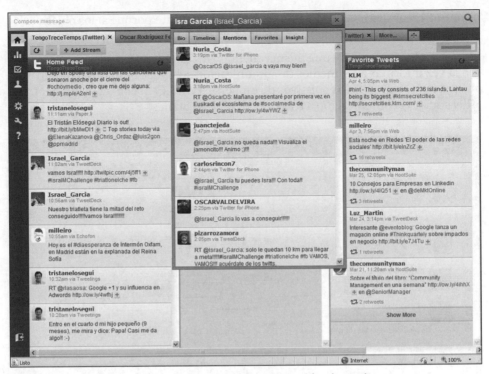

Figura 3.13. Actualmente resulta sencilla la gestión de varias cuentas desde un mismo interfaz e incluso existen aplicaciones que posibilitan la gestión de varias cuentas a grupos de trabajo con múltiples accesos simultáneos. Es el caso de Hootsuite.

Como ya se ha comentado con anterioridad, el modo en que se use y gestione un perfil en Twitter, sea personal o profesional, debe estar alineado con la estrategia de comunicación y contenidos y especialmente con la estrategia de identidad digital.

¿Para qué debo crear una cuenta en Twitter? Las respuestas variarán dependiendo de si se trata de una persona, compañía, producto o servicio sobre el que va a pesar la comunicación del perfil, pero serán del tipo: para construir mi propia marca personal, para mejorar la reputación de la compañía, para ofrecer soporte, para dar a conocer un evento, para dirigir tráfico a un sitio Web.

Disponer de varias cuentas Twitter puede dificultar mínimamente la gestión pero ofrece grandes posibilidades para la comunicación.

¿Por qué crear distintas cuentas entonces? Básicamente porque si los objetivos son diferentes lo más probable es que los contenidos entren en conflicto.

Por ejemplo, disponer de una misma cuenta para intentar ofrecer soporte técnico y a la vez informar a los medios de comunicación sobre la compañía, cuando menos no es lógico. Si los objetivos de un perfil Twitter chocan, es el momento de diferenciar la comunicación a través de distintos canales.

Figura 3.14. Disponer de varias cuentas permite que los contenidos no entren en conflicto.

Si se utiliza Twitter para construir una audiencia y hacer *networking*, la mejor opción suele ser utilizar una única cuenta, ya que permitirá concentrar la atención y que el perfil resulte más activo a ojos de los seguidores.

En cualquier caso, siempre hay que hacer una reflexión previa sobre si la creación de varias cuentas no va a ser un elemento de dispersión o si no es posible alcanzar los objetivos con un único perfil. Tan malo es que se produzca un conflicto de objetivos como que se cree una red de cuentas que resulte ineficaz al dispersar en exceso el proceso de comunicación. Finalmente, serán los objetivos y la estrategia de comunicación los que deben guiar la toma de decisión a la hora de configurar la red de perfiles Twitter.

Habitualmente se organizan eventos, reuniones o seminarios que precisan de una cuenta Twitter independiente y que, en la mayoría de los casos, con el paso del tiempo no se vuelven a utilizar.

Como planteamiento inicial, apostar por utilizar varias cuentas Twitter como plataforma de comunicación de una compañía o una marca puede resultar muy beneficioso. De este modo la estrategia puede permitir aprovechar la red de seguidores para enviar mensajes sobre temáticas diferentes, como ofertas, noticias, soporte o novedades. Crear una cuenta para cada área específica de conocimiento ayuda a los usuarios a seguir lo que considera más importante de la compañía. Por el lado de la empresa es una estrategia que limita la pérdida de seguidores a causa de la cantidad de mensajes y porque éstos no sean del todo de su interés.

Como en todo proceso existen pros y contras y va a depender directamente del modo en que vaya a utilizar Twitter la persona o compañía. Por ejemplo, es recomendable utilizar una cuenta independiente si se va a utilizar como soporte o para fortalecer la relación con el cliente. Si, por el contrario, se van a desarrollar distintas tareas con distintos planteamientos y temáticas es recomendable utilizar varias cuentas. ¿Existe una receta válida para la mayoría de los casos? Pues no, no existe. Lo ideal es segmentar y analizar detalladamente los objetivos y necesidades de cada proyecto.

Para clarificar un poco la idea, a continuación, se mencionan algunas posibilidades que ofrece la segmentación de objetivos en varias cuentas:

- ▶ Separar la cuenta personal de la profesional.
- ▶ Disponer de cuentas temporales para eventos.
- ▶ Crear distintos canales de comunicación, cada uno con su carácter particular.
- ▶ Facilitar la comunicación en proyectos de un modo independiente.
- ▶ Ofrecer a los seguidores distintos caminos para comunicar con la empresa.
- ▶ Conseguir distintos objetivos con estrategias de comunicación distintas.
- ▶ Conectar con distintas fuentes de contenido como blog, RSS, Web corporativo, etc.

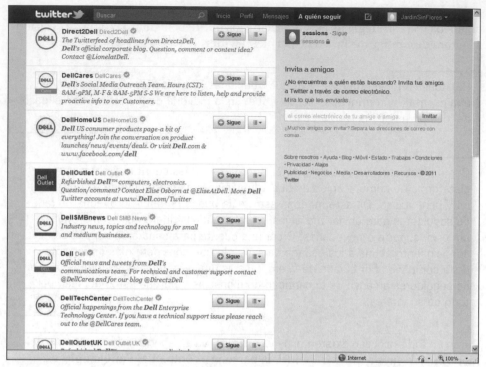

Figura 3.15. Es recomendable utilizar cuentas independientes si se van a utilizar como soporte, venta directa o para fortalecer la relación con el cliente.

Suponiendo que dispongamos de varias cuentas, no es conveniente molestar a los seguidores publicando el mismo mensaje. No es agradable para el usuario que sigue varias cuentas de una empresa encontrarse con el mismo tweet varias veces.

Pongamos un ejemplo. Somos una compañía que disponemos de un único perfil corporativo en Twitter, somos @GuarderiaPocosMocos. Debido a la crisis vamos a ampliar nuestros servicios, ofertando fiestas de cumpleaños los fines de semana, apoyándolo con un pequeño blog. ¿Debemos hacer la comunicación a través del perfil corporativo? Lo lógico es que no sea así. Puede ser una buena opción disponer de un perfil Twitter exclusivo para ese servicio, que podría llamarse @FiestasPocosMocos, que puede aportar un valor añadido a través de descuentos para niños de la guardería, precios especiales durante un periodo de tiempo, envío de links con fotografías, etc.

CONFIGURAR Y PERSONALIZAR EL PERFIL

El primer paso tras crear una cuenta en Twitter es personalizar el perfil. Es un proceso muy importante que debe hacerse, sí o sí, antes de comenzar a enviar mensajes o interactuar con otros usuarios.

El perfil de una cuenta Twitter es la cara que se va a ofrecer al resto de usuarios, es donde se pueden mostrar las capacidades y se pueden dejar entrever las carencias de un usuario, ya sea una persona, empresa, marca o servicio.

El perfil de usuario es la carta de presentación ante el resto de la comunidad.

Twitter es uno de los principales ejes de la identidad online y el perfil de una cuenta es lo primero que cualquier usuario investiga para saber más sobre el propietario. Es una información de obligada revisión antes de decidir si se va a ser seguidor o no, razón de más para admitir que resulta un apartado de vital importancia.

Cuando se encuentra una cuenta sin personalizar es fácil dudar de quién hay detrás, es lo que suele delatar a spammers o bots.

Teniendo esto en cuenta, podemos ver cada una de las opciones que pueden ser configuradas. Para acceder a ellas es preciso acceder a la opción Perfil del menú superior y pulsar en Editar tu perfil. Podemos encontrar las siguientes opciones.

Cuenta

Es la opción que muestra todas las posibilidades de configuración con respecto a la propia cuenta. Ofrece la posibilidad de cambiar las siguientes opciones:

▶ **Nombre de usuario**.

Permite modificar el término utilizado para dar nombre al perfil, es decir, el @usuario que utilizamos para ser reconocidos en Twitter. Del mismo modo que cuando se crea la cuenta, esta opción permite introducir el nuevo término e indica, en tiempo real, si está o no disponible.

▶ **Correo electrónico**.

Es la casilla que permite cambiar la dirección de correo electrónico e introducir un nuevo E-mail para asignarlo a Twitter. Es preciso tener en cuenta que la cuenta de correo electrónico no puede haber sido asignada previamente a otro perfil de Twitter ya que el sistema no permitirá el cambio. Twitter no permite asociar dos cuentas distintas a una única dirección de correo electrónico.

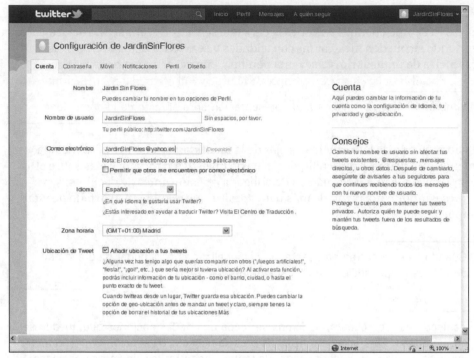

Figura 3.16. La pestaña cuenta permite la configuración de los datos con respecto al perfil.

En la zona inferior hay una casilla de verificación para permitir que el correo electrónico que se indicó en el paso anterior se indexe y facilite la posibilidad de que cualquier otro usuario pueda encontrarnos si lo conoce.

▶ **Idioma**.

Esta persiana desplegable ofrece la posibilidad de elegir el idioma en que deseamos utilizar la interfaz que aparece tras acceder desde la página `Twitter.com`. Hasta el momento es posible configurar la aplicación en Inglés, Italiano, Coreano, Francés, Alemán y Japonés.

▶ **Zona horaria**.

Es una opción que permite asignar un tramo horario a través de la localización geográfica. De este modo los mensajes se podrán enviar e indexar temporalmente de modo correcto.

▶ **Ubicación de Tweet**.

Este apartado permite añadir selectivamente la información sobre la ubicación de los tweets enviados. Por defecto, esta opción aparece desactivada y basta con marcar la casilla de verificación para activarla. Hay que tener en cuenta que la información sobre la ubicación puede ser compartida públicamente en los tweets de un modo exacto, a través de las coordenadas, o de un modo general, una ciudad o un barrio determinado. En cualquier caso, una vez activada la ubicación en los tweets, siempre es posible seleccionar no compartir la ubicación en mensajes individuales, o elegir un nivel más general.

El apartado dispone de una opción que permite borrar la información de ubicación de los tweets, si es que se ha activado anteriormente.

Twitter no muestra ninguna información de localización geográfica a menos que se haya activado esta opción en la configuración del perfil.

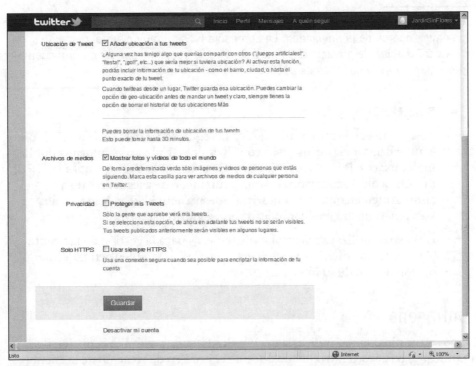

Figura 3.17. Cuando se crea una nueva cuenta en Twitter, por defecto aparece desprotegida, por lo que la opción Privacidad es el único modo de protegerla.

▶ **Archivos de medios**.

Permite que de forma predeterminada, desactivada, se puedan ver sólo imágenes y vídeos de personas a las que sigue la cuenta. Para ver archivos gráficos de cualquier otra cuenta es preciso activar esta casilla.

▶ **Privacidad**.

Por defecto, en Twitter todo es público, de hecho ésa es su filosofía. Sin embargo se puede proteger el contenido de una cuenta, de modo que sólo los usuarios que reciben permiso pueden seguir la cuenta y ver los mensajes que se publiquen. Cuando se crea una nueva cuenta en Twitter, por defecto, aparece desprotegida, por lo que esta opción es el único modo de protegerla.

Muchos grupos de trabajo o compañías necesitan un sistema de comunicación privado que les permita mantener conversaciones y compartir documentos sin que puedan acceder usuarios desconocidos, ahí es donde tiene su principal función una cuenta privada de Twitter.

En alguna ocasión durante estos años de vida de Twitter se ha planteado la polémica acerca de la privacidad. La compañía ha sido muy clara al respecto "nuestra política de privacidad es muy simple, es posible disponer de una cuenta protegida o no. Si no, todo es público".

▶ **Solo HTTPS**.

Nadie duda de lo importante que es la seguridad y más aún cuando, como ocurre la mayoría de los casos con Twitter, se trabaja en entornos públicos inalámbricos. Por ello lo mejor es activar la casilla Usar siempre HTTPS, un protocolo de conexión segura. Es un modo de asegurarse de que, aunque alguien quiera monitorizar nuestra actividad, cuando menos va a tener mucho más complicado conseguirlo.

En caso de utilizar aplicaciones de terceros para la gestión de la cuenta Twitter (Hootsuite, TweetDeck, etc.) es preciso también activar esta opción dentro de su interfaz.

Contraseña

Como su propio nombre indica, la opción Contraseña posibilita la opción de modificar el password introducido durante el proceso de creación de la cuenta. El proceso es tan sencillo como teclearla en el apartado Contraseña actual e introducir los nuevos caracteres en los campos de texto Nueva Contraseña y Verificar nueva contraseña.

Este apartado también dispone de la opción ¿Olvidaste tu contraseña?, que permite recibir un correo electrónico a la dirección asociada a la cuenta con las instrucciones de cómo reestablecer la contraseña.

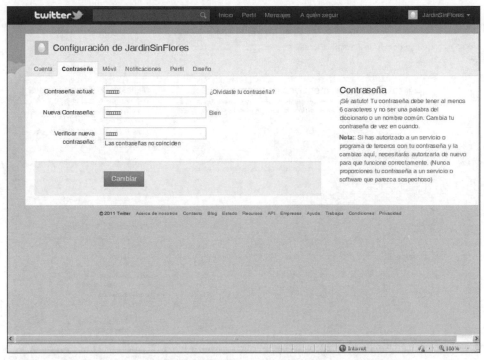

Figura 3.18. Se puede cambiar la contraseña de la cuenta Twitter en cualquier momento. De hecho es una buena práctica hacerlo cada cierto tiempo.

Hay que tener en cuenta que si se trabaja con un programa gestor de Twitter, como HootSuite, al cambiar la contraseña será preciso autorizarla de nuevo para que funcione correctamente.

Móvil

La opción Móvil permite configurar un teléfono móvil para poder interactuar con Twitter a través de mensajes de texto SMS.

Este servicio es útil para aquellos usuarios que no disponen de conexión a Internet en el teléfono o bien que no dispongan de la posibilidad de descargar aplicaciones, ya que permite enviar y recibir tweets sin tener en cuenta el modelo del aparato.

Eso sí, el envío de tweets bajo este sistema comporta un gasto a través de la operadora, de la misma manera que sucede cuando se envía un mensaje de texto.

Figura 3.19. La opción Móvil permite configurar un teléfono móvil para poder interactuar con Twitter a través de mensajes de texto SMS. Un servicio útil para aquellos usuarios que no disponen de conexión a Internet en el teléfono.

Hasta el momento, principios de abril de 2011, no se puede utilizar esta opción en España ya que ninguna operadora ofrece el servicio.

Para poder usar Twitter a través de SMS es preciso disponer previamente del servicio activo. Para activarlo debemos acceder a la persiana desplegable denominada País/región donde seleccionar la ubicación del usuario del teléfono y otra para introducir el número de teléfono, con el correspondiente prefijo automático dependiendo del país.

Dependiendo del país elegido en la zona inferior se desplegará una o varias persianas desplegables que permitirán seleccionar también el nombre de la compañía operadora y el idioma del sistema de mensajes.

En la parte inferior aparece la casilla de verificación Permitir que otros me encuentren por mi número de teléfono, que como su nombre indica ofrece la posibilidad de que el número se indexe y facilite la posibilidad de que cualquier otro usuario pueda encontrarnos si lo conoce.

Notificaciones

El apartado Notificaciones permite personalizar la recepción de correos electrónicos según las actividades de Twitter, un buen sistema para aquellos que desean conocer al instante algunos detalles de su cuenta y mantener una copia de ello en el gestor de correo electrónico.

Para ello dispone de tres casillas de verificación que permiten activar y desactivar las opciones de recibir correos electrónicos cuando alguien comienza a seguir la cuenta, cuando se recibe un mensaje directo o la opción de recibir publicidad y ofertas por correo electrónico.

Todos los mensajes de e-mail se recibirán en la cuenta de correo configurada por defecto en Twitter.

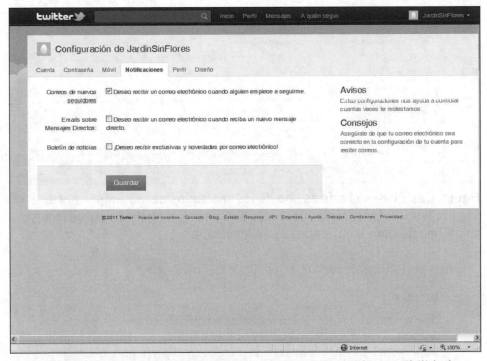

Figura 3.20. El apartado Notificaciones permite controlar las posibilidades de recibir correos electrónicos de Twitter.

Perfil

Éste es uno de los apartados de más importancia a la hora de configurar una cuenta, de algún modo es el que incluye la información que va a aparecer públicamente sobre el perfil de Twitter. Igualmente es el contenido que aparecerá en resultados de búsqueda, por el que se identifica una cuenta y, especialmente, el que ofrece la primera imagen sobre ella. Es, sin duda, la sección a la que debemos otorgar más importancia.

Figura 3.21. El menú Perfil es uno de los apartados de más importancia a la hora de configurar una cuenta, ya que de algún modo es el que incluye la información que va a aparecer públicamente.

Ofrece la posibilidad de modificar los siguientes parámetros:

► **Imagen**.

Normalmente Twitter asigna un avatar por defecto a todas las nuevas cuentas, la representación de un pequeño huevo, una imagen simple e impersonal. La importancia de la imagen en el perfil hace obligatorio modificar esta opción e incluir una fotografía, ilustración o logo alineados con los objetivos de la cuenta.

Para hacerlo basta con pulsar sobre el botón **Examinar** y buscar en nuestro equipo el fichero que contiene la imagen elegida. Técnicamente Twitter ofrece las limitaciones de que su formato debe .JPG, .GIF o .PNG y no puede sobrepasar los 700 Kb. de tamaño (más que suficiente para mostrar una imagen de 73x73 píxeles).

Figura 3.22. Twitter asigna un avatar por defecto a todas las nuevas cuentas, la representación un pequeño huevo, una imagen simple e impersonal que se debe cambiar cuanto antes.

Puede que la imagen subida no sea de tu agrado. No pasa nada, basta con pulsar sobre el botón **Cambiar imagen** y volver a completar el proceso de nuevo.

► **Nombre**.

No tiene nada que ver con el nombre de usuario, éste es el nombre real, el nombre con el que nos van a reconocer posibles seguidores.

Lo ideal es utilizar el nombre real, uno comercial o, mejor, uno que refuerce la sensación de cercanía con otros usuarios de modo que se ofrezca confianza.

El buscador de usuario de Twitter utiliza tanto el nombre de cuenta como el nombre del usuario para ofrecer sus resultados. De ahí la importancia de incluir un nombre que nos identifique.

Figura 3.23. La opción Nombre no tiene nada que ver con el nombre de usuario, este es el nombre real, el nombre con el que nos van a reconocer los posibles seguidores.

► **Ubicación**.

La verdad es que Twitter propone la pregunta "¿En qué parte del mundo estás?" para indicar la ubicación y esto parece más que suficiente. Conviene no complicarse, un simple "Zaragoza, Spain", "Alcalá de Henares, Madrid" o incluso un "España" es suficiente dependiendo de los objetivos de la cuenta. Esta información es más que suficiente, basta con que el resto de usuarios pueda ubicar la cuenta en el contexto adecuado.

Sin embargo para empresas y marcas puede ser indicado ofrecer una ubicación aún más exacta. Para ello se puede hacer con texto o bien indicando las coordenadas de ubicación a través de GPS, utilizando una cadena de números del tipo "40.436287, -3.666725".

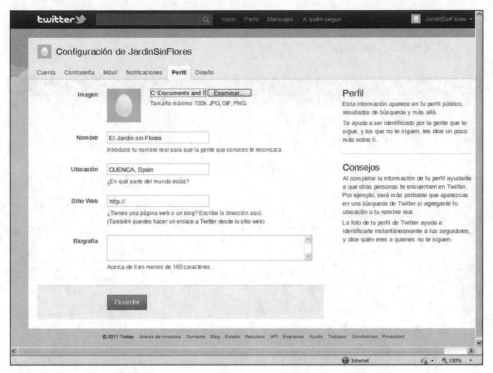

Figura 3.24. La opción Ubicación ofrece la posibilidad de mostrar al usuario la situación del propietario de la cuenta para situarla en el contexto adecuado.

Para obtener la ubicación de una cadena de coordenadas basta con introducir el número en Google, el propio buscador responde con un emplazamiento situado sobre Google Maps.

▶ **Sitio Web**.

Éste es el apartado para indicar la dirección de la Web que esté más alineado con los objetivos de la cuenta Twitter, puede ser un sitio personal, un blog, la página corporativa, etc.

Es habitual que todo usuario que quiera comenzar a seguir la cuenta, cuando menos, visite la dirección que aquí se indica, a modo de pequeña investigación.

Es necesario sopesar el impacto que va ofrecer al usuario el sitio Web que se indique. Si es un blog sin actualizar o un sitio Web que ofrece una mala imagen, es mejor dejar en blanco esta opción.

Un consejo, es mejor no utilizar direcciones acortadas, tipo bit.ly, generan desconfianza. Otro más, de poco sirve indicar la URL de la propia cuenta Twitter, pan con pan...

Figura 3.25. Si se dispone de un sitio Web, es una buena práctica el indicarlo en la opción Sitio Web. De ese modo el posible seguidor puede ampliar información.

▶ **Biografía**.

Este apartado ofrece 160 caracteres para poder ofrecer lo mejor de uno mismo, de una empresa, de un producto o de un servicio. Lo ideal es intentar transmitir quién eres, qué haces y cómo lo haces de la mejor forma.

No es preciso que la Biografía sea un currículum. A veces la creatividad y la originalidad son herramientas más potentes que el propio texto.

Figura 3.26. El apartado Biografía ofrece 160 caracteres para poder ofrecer lo mejor de uno mismo, de una empresa, de un producto o de un servicio.

No debemos olvidar que es importante utilizar palabras clave relacionadas con el motivo de la cuenta. Éstas aparecerán siempre que un usuario busque un profesional o un servicio alineado con esa temática.

De hecho existen herramientas especializadas en la búsqueda de términos incluidos en la Biografía de los usuarios de Twitter. Son muy utilizados por los profesionales y ofrecen muy buenos resultados. Tres de los más importantes son FollowerWonk (`Followerwonk.com`), Tweepz (`Tweepz.com`) y Filtertweeps (`Filtertweeps.com`).

Diseño

La opción Diseño ofrece varias posibilidades para configurar la página principal de la cuenta, de manera que los usuarios que la visiten puedan obtener una creatividad más ajustada a la imagen personal o de la empresa. Si accedemos a la página principal de la cuenta (`www.twitter.com/usuario`) en el lado derecho siempre aparecerá la información básica del perfil (esto no es configurable) y serán los colores y la imagen de fondo lo que podremos modificar.

Es una buena práctica intentar cambiar la imagen de la página del perfil cada cierto tiempo, de modo que se muestre que se cuidan los detalles y que es un canal vivo.

De hecho hay compañías y marcas que utilizan distintos fondos dependiendo de temporadas, lanzamientos o eventos especiales.

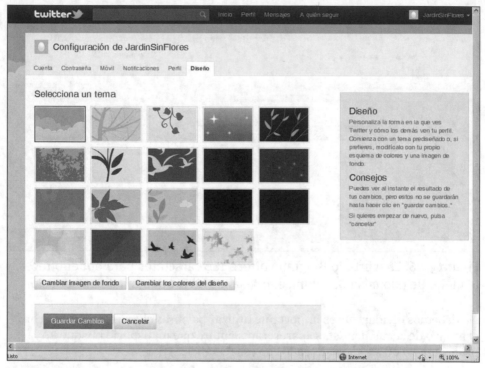

Figura 3.27. La opción Diseño permite modificar por completo la imagen gráfica de una cuenta Twitter.

Para comenzar a aplicar un tema prediseñado basta con pulsar sobre una de los diseños incluidos en el apartado Seleccionar un tema. Con hacer un simple clic, se pueden ver los resultados al instante, aunque las cajas centrales no corresponden con sus tamaños reales cuando accede un usuario (hay que tenerlo en cuenta).

A continuación se puede modificar el tema elegido con un esquema propio de colores en la opción Cambiar los colores del diseño. Ésta facilita la elección de colores personalizados para el texto, links, barra lateral y el borde de la barra lateral. Una vez se está conforme con la elección, basta con hacer clic sobre Guardar Cambios.

Hay muchos sitios Web que ofrecen imágenes de fondo prediseñadas para Twitter, pero utilizar una de ellas no es más que dar un pequeño lavado de cara al perfil. Una verdadera personalización pasa por crear los elementos desde cero, como si se diseñara la interfaz de sitio Web.

Sin embargo la posibilidad que ofrece mayores ventajas es la que permite modificar el fondo de la página de Twitter por completo. De hecho, las compañías y marcas más importantes disponen de fondos que son auténticas imágenes publicitarias.

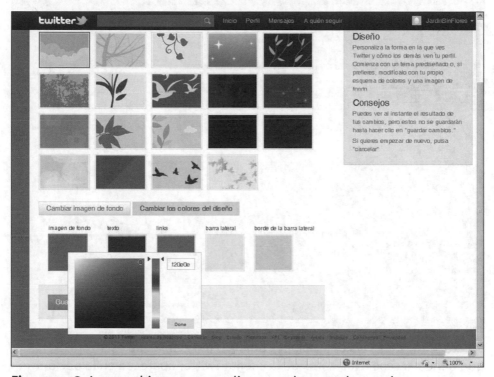

Figura 3.28. Los cambios que se realizan pueden ser observados al instante, con lo cual el proceso se hace más sencillo.

Técnicamente la imagen de fondo elegida debe tener formato .GIF, .JPG o .PNG, no debe superar los 800 Kb de peso (demasiado para una correcta carga) y un tamaño adecuado a la utilidad que deseemos otorgarle. Es decir, podremos utilizar una imagen a modo de mosaico repetitivo, una imagen a pantalla completa o una imagen alineada al margen superior izquierdo con un fondo del propio Twitter.

Conexiones

Es un apartado que muestra el listado de las aplicaciones de terceros que se encuentran conectadas con la cuenta, ya que previamente se ha autorizado su utilización, para su consulta y gestión.

Este listado ofrece información individual de cada una de las aplicaciones conectadas y se puede consultar el link, el tipo de acceso (lectura, escritura o ambos) y la fecha en que fue autorizada la conexión.

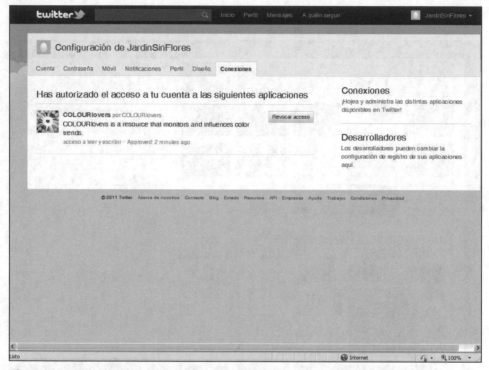

Figura 3.29. Todas las aplicaciones online o programas de escritorio que tienen acceso a los datos de la cuenta Twitter aparecen en la opción Conexiones. Desde este apartado podemos eliminar la posibilidad de que sigan accediendo.

Además es posible eliminar una conexión, es decir anular la posibilidad de que la aplicación tenga acceso a los datos de la cuenta. Para ello basta con pulsar sobre el botón **Revocar acceso** situado a la derecha de cada conexión.

En cualquier caso se puede rehacer la acción, a través del botón **Deshacer Revocar Acceso**, seguiremos facilitando la conexión a la aplicación.

CUENTAS PROTEGIDAS, UN SISTEMA PRIVADO DE COMUNICACIÓN

Como se comentaba en un apartado anterior, una de las principales utilidades de proteger una cuenta es la de ofrecer soporte para grupos de trabajo o empresas que precisan de un medio de comunicación.

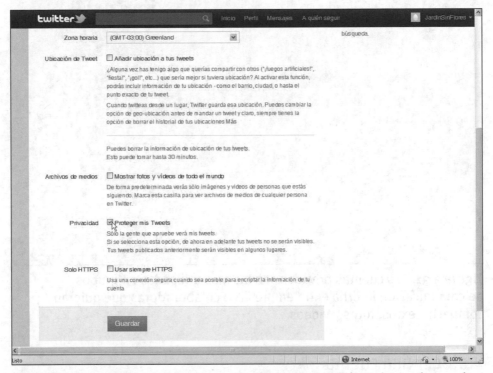

Figura 3.30. Una vez que hacemos privada una cuenta de Twitter, el usuario tendrá que aceptar personalmente las solicitaciones individuales de quienes quieren formar parte de su comunidad de lectores.

Una cuenta Twitter puede ser pública o privada, siendo esta última la opción más inteligente para quien necesita usar el sistema para comunicarse entre un grupo privado de personas, sin tener interés en recibir lectores desconocidos.

Las cuentas privadas son las más utilizadas en grupos de comunicación interna entre empresas o colaboradores que quieran compartir textos, fotos y vídeos que no sean de interés público. Una vez que hacemos privada una cuenta de Twitter, el usuario tendrá que aceptar personalmente las solicitaciones individuales de quienes quieren formar parte de su comunidad de lectores.

Figura 3.31. Las cuentas privadas son las más utilizadas en grupos de comunicación interna entre empresas o colaboradores que quieran compartir textos, fotos y vídeos.

Proteger una cuenta

Disponer de cuentas privadas conectadas puede ser un buen sistema de comunicación e incluso sustituir los procesos de trabajo en el que es preciso enviar gran número de correos electrónicos.

Es posible proteger un perfil del siguiente modo:

1. Pulsar sobre la opción Perfil del menú superior.

2. Hacer clic sobre la opción Editar tu perfil.

3. Una vez hecho esto accederemos a la pestaña Cuenta, una vez en ella debemos buscar el apartado Privacidad.

4. A continuación marcar la casilla de verificación Proteger mis Tweets.

5. Para finalizar el proceso debemos pulsar sobre el botón **Guardar** situado en la parte inferior de la pantalla y a continuación introducir la contraseña de la cuenta.

Las cuentas protegidas siempre se pueden volver a hacer públicas desmarcando la casilla Proteger mis Tweets.

EL AVATAR, UN VERDADERO ESCAPARATE DE LA CUENTA

Según un estudio de Hubspot (`Blog.hubspot.com`) en su blog, tras el análisis de 9 millones de cuentas de Twitter con su herramienta Twitter Grader (`Twitter.grader.com`), detectaron que las cuentas que disponían de una imagen personalizada asignada a su perfil de Twitter tenían 10 veces más de seguidores que las que no la tenían. De esto sólo debemos sacar una consecuencia: un avatar personalizado cuenta, y mucho.

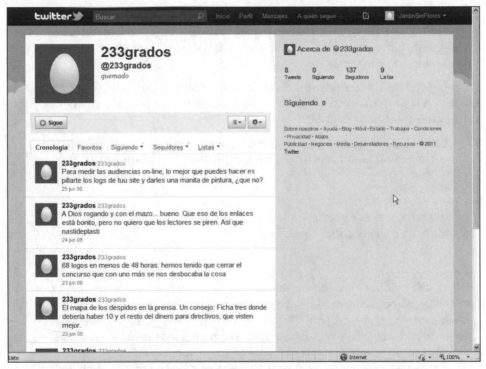

Figura 3.32. Resulta exagerado hablar y hablar sobre la importancia de una pequeña imagen de, en muchos casos, poco más de 73x73 píxeles. Sin embargo el avatar es un elemento clave para reflejar la identidad del proyecto.

¿Qué es el avatar? El avatar no es más que una imagen o fotografía que representa gráficamente al usuario específico propietario de un perfil. Puede basarse en un logotipo, una fotografía, una ilustración... o cualquier elemento gráfico que pueda ofrecer la imagen requerida para alcanzar los objetivos de la cuenta.

Tras esta definición queda clara la respuesta a una de las preguntas más habituales que se suelen hacer a la hora de plantear el diseño de avatar: ¿me debo sentir identificado o me debe identificar? Lo ideal es que se consiguieran resolver ambas preguntas pero como en la mayoría de los casos eso no suele ser posible, lo ideal es que el avatar identifique los objetivos, es decir identifique los valores, misiones y ventajas de seguir la cuenta.

El avatar de Twitter se muestra en varios tamaños según su aplicación. Puede tener un tamaño de 73x73 píxeles cuando se muestra grande y de 48x48 píxeles cuando se muestra en el formato más pequeño.

Tal vez resulte un poco exagerado hablar y hablar sobre la importancia de una pequeña imagen de, en muchos casos, poco más de 73x73 píxeles. Sin embargo es un elemento clave para reflejar la identidad del proyecto, algo que va más allá de una explicación con texto.

La identidad de Twitter pasa en un porcentaje muy alto por la imagen de un avatar, en la gran mayoría de los casos no se suele visitar la página de perfil, por lo que su importancia es clave.

En esto Twitter es diferente a otras plataformas sociales como Facebook, ya que no ofrece muchas más posibilidades gráficas para transmitir una imagen corporativa.

La importancia del avatar de Twitter es muy superior a que tiene en otras plataformas sociales como Facebook.

No es una práctica muy aconsejable cuando la premisa es que el usuario valore el contenido pero comienza a aparecer una nueva tendencia que consiste en crear avatares animados para Twitter. Su utilización no es lo más adecuado en la mayoría de los proyectos empresariales pero puede resultar un recurso interesante para algunas campañas específicas o cuentas con estrategias determinadas. Para utilizar un avatar animado es preciso crear un archivo .GIF animado de 48x48 píxeles (existen multitud de programas para ello) y subirlo a la cuenta. Es un efecto que con el tiempo cansa, pero que puede ofrecer alternativas creativas en algunas campañas.

Figura 3.33. La identidad de Twitter pasa en un porcentaje muy alto por la imagen de un avatar ya que en la gran mayoría de los casos el usuario no se suele visitar la página de perfil.

La imagen que proyecta un avatar

En un informe publicado en LenguajeCorporal.org (`Lenguajecorporal.org`) se ofrecen algunos detalles de los tipos de avatares más utilizados y la imagen que proyectan en el usuario. Según indica el autor, aun no siendo clasificable dentro de la comunicación no verbal es importante incluirlo ya que forma parte integral de la imagen electrónica, la cara que ofrecemos en Internet. Éstas son algunas de la categoría más utilizadas:

▶ Sin avatar.

    ▶ El huevo de Twitter.

    ▶ Dejadez, falta de interés, novato, spammer, bot.

▶ Fotografía personal de cuerpo entero.

    ▶ Imagen del cuerpo entero de una persona.

    ▶ Distanciamiento.

Figura 3.34. El avatar: ¿me debo sentir identificado o me debe identificar?

► Mensaje.

    ► Está compuesto exclusivamente de tipografía o logotipos.

    ► Apasionado, fanático, comprometido.

► Blanco y negro.

    ► Imagen en tonos de gris.

    ► Profesionalidad, seriedad, responsabilidad.

► Composición artística.

    ► Imagen creativa, ilustración o tratamiento fotográfico.

    ► Impacto, modernidad, inconformidad, seguridad.

► Fotografía personal con sonrisa.

    ► Imagen de una persona sonriendo.

    ► Simpatía, franqueza.

Figura 3.35. Un avatar, aun no siendo clasificable dentro de la comunicación no verbal es importante incluirlo ya que forma parte integral de la imagen electrónica, la cara que ofrecemos en Internet.

▶ Fotografía personal con tono relajado.

    ▶ Imagen de medio cuerpo de una persona con actitud relajada.

    ▶ Equilibrio, relajación, estilo.

▶ Fotografía personal con fondo neutral de alto contraste.

    ▶ Imagen de una persona con fondo muy claro.

    ▶ Franqueza, transparencia, luminosidad.

▶ Fotografía personal de frente.

    ▶ Imagen de una persona situada mirando de frente a la cámara.

    ▶ Sinceridad, claridad, transparencia.

▶ Fotografía personal con imagen fuera de cuadro.

    ▶ Imagen de una persona fuera de encuadre.

    ▶ Diferenciación, creatividad, apuesta.

El avatar adecuado

Si hacemos una pequeña reflexión, es importante producir un avatar sólido. Con la experiencia son muchos los usuarios de Twitter que cuentan cómo han perdido seguidores o han creado expectación por el simple hecho de cambiar su avatar.

> Cuando el usuario se acostumbra a una determinada imagen ésta pasa a formar parte del *branding* personal o empresarial. Por eso en ocasiones es conveniente unificar todos los avatares utilizados en los Social Media para disponer de una imagen más sólida y global.

Éstos son algunos consejos técnicos de cómo debe ser un avatar adecuado:

- ► Legible.
- ► De composición cuadrada.
- ► Con imagen sin estirar o estrechar.
- ► Enfocado.
- ► Con el menor peso posible.
- ► Con primeros planos.
- ► De tamaño y resolución adecuada.
- ► Con fondo claro.
- ► Sin fondos molestos.
- ► Con actitudes positivas.
- ► De composición equilibrada.
- ► Con un contraste alto.
- ► Sin efectos estridentes.
- ► Lo más creativo posible.
- ► Usar animación sólo en casos adecuados.

> Existe una aplicación denominada Gravatar (Gravatar.com) que permite que un mismo avatar aparezca en muchos de los Social Media más importantes con el único requisito de asociarlo a una cuenta de correo electrónico.

EL FONDO DEL PERFIL, LA IMAGEN CORPORATIVA

Aunque pueda parecer una afirmación muy simple, la comunicación a través de Twitter no se limita únicamente a leer y enviar tweets. Desde el principio Twitter tuvo en cuenta que, pese a la sencillez del sistema y de la interfaz, era necesario que los usuarios pudieran adaptar el estilo y la apariencia de sus cuentas a su *branding* personal o profesional.

De todos modos, no nos vamos a engañar, las opciones de personalización que ofrecen hasta el momento las páginas de perfil son bastante simples, poco más que un avatar, una imagen de fondo y el color de las tipografías.

A pesar de la simpleza en las opciones de personalización estética de Twitter, existen muchos profesionales y marcas que aún sorprenden con el aspecto final de sus cuentas a través de inspiración, creatividad y buen gusto.

Figura 3.36. Las opciones de personalización que ofrecen hasta el momento las páginas de perfil son bastante simples, aunque se pueden conseguir muy buenos resultados.

Sin embargo, no debemos condicionar la comunicación por las limitaciones de la plataforma. En muchas ocasiones las opciones de personalización gráfica se quedan olvidadas por parte de los profesionales pensando que no existen muchas posibilidades y que no merece la pena. Grave error.

A la espera de que con el tiempo estas posibilidades aumenten, la posibilidad de personalización de tipografías y de la imagen de fondo es un espacio útil y suficiente para ofrecer una buena imagen de quiénes somos y qué hacemos. Solo son precisas unas buenas dosis de inspiración, creatividad y buen gusto, pero poder se puede, hay múltiples ejemplos de ello.

Existen aplicaciones Web como Twiback (`Twiback.com`) que permiten de una manera muy simple cambiar automáticamente el fondo y el avatar de una cuenta.

La imagen de fondo

¿Cómo se puede utilizar la imagen de fondo de Twitter en beneficio de un profesional o una empresa? En primer lugar, una imagen de fondo atractiva hace que los usuarios valoren la cuenta como seria y profesional, algo que siempre ayuda a incrementar la notoriedad del profesional o la compañía.

Está demostrado que una imagen adecuada y atractiva ayuda a que un usuario siga una cuenta de Twitter. Véase la figura 3.37.

El término es diferenciación. Creemos una página especial, distinta, diferente, de la que nos sintamos orgullosos. La imagen que ofrezcamos es importante, si presentamos un aspecto corporativo cuidado y diferenciado podemos enganchar de una manera especial a nuestro usuario.

Pero aún hay más, aunque parezca un espacio insignificante el fondo de una cuenta es un espacio muy apropiado para la comunicación, que está disponible y que se debe aprovechar, es un recurso más al alcance de estrategia para conseguir los objetivos. Es un marco ideal, nunca mejor dicho, para comunicar datos importantes, ofrecer otras direcciones sociales, transmitir mensajes o mostrar imágenes de productos.

Si se necesita inspiración, ColourLovers (`Colourlovers.com`) es el sitio ideal. Es una red social para creativos, especializada en el mundo del color, que dispone de todo tipo de herramientas para utilizar a la hora de planear una propuesta creativa. Además dispone de una aplicación denominada Themeleon

(Colourlovers.com/themeleon) que permite una configuración personalizada y automática del perfil de Twitter. Dispone de varias opciones prediseñadas y ofrece todo tipo de herramientas para conseguir un perfil gráficamente adecuado a nuestras necesidades.

Figura 3.37. La imagen que ofrezcamos es importante, si presentamos un aspecto corporativo cuidado y diferenciado podemos enganchar de una manera especial a nuestro usuario.

Apreciaciones técnicas

Es fundamental tener en cuenta que el bloque de contenido principal (los mensajes, la *timeline*) en el diseño de una página de Twitter está centrado y ocupa siempre un ancho fijo de 765 píxeles. Éste es un espacio que, en cualquier caso, siempre está ocupado.

De este modo, sólo el espacio restante a ambos lados es el que se puede utilizar para mostrar algo. El espacio que quede libre dependerá de la resolución a la que el usuario vea la página principal en su equipo.

Figura 3.38. El fondo de la cuenta es un marco ideal para comunicar datos importantes, ofrecer otras direcciones sociales, transmitir mensajes o mostrar imágenes de productos.

Éstos son algunos datos que es preciso conocer antes de crear un fondo para Twitter:

► El logotipo de Twitter de la parte superior siempre aparece.

► El fondo de la *timeline* es siempre blanco.

► El fondo de la barra de menú es siempre blanco.

► El fondo de la barra de pie de página es siempre blanco.

► Se puede cambiar la imagen y el color de fondo.

► La imagen de fondo no incluye enlaces.

► Se puede cambiar el color de todos los textos y los enlaces.

► No se puede cambiar la tipografía.

► Por defecto, la imagen de fondo se alinea a la parte superior izquierda.

► Se puede crear un mosaico con una imagen pequeña de fondo.

Apreciaciones creativas

Hacen un tiempo Smashing Magazine (`Smashingmagazine.com`), una de las publicaciones con mayor prestigio en el sector de la creatividad digital, proponía algunos consejos, ideas y buenas prácticas para conseguir una página adecuada creativamente. Son éstos:

▶ Trabajar sobre un diseño válido para distintas resoluciones.

▶ Combinar el fondo con la *sidebar*.

▶ Utilizar logotipos y emblemas.

▶ Abogar por la sobriedad o el minimalismo.

▶ Utilizar sólo tipografías.

▶ Crear una *sidebar* personalizada.

▶ Implementar información de un modo equilibrado.

▶ Mezclar gráficos con un mosaico de fondo.

▶ Utilizar imágenes y fotografías combinadas con texto.

▶ Manejar efectos que simulen prácticas reales, como un paso de página.

▶ Utilizar iconos.

Figura 3.39. Creemos una página especial, distinta, diferente, de la que nos sintamos orgullosos.

4. Los términos imposibles de Twitter

LAS "PALABROTAS" MÁS UTILIZADAS

Twitter es un "mundo" muy especial en el que a partir de una estructura algo simple se han comenzado a crear pequeños sistemas de uso muy característicos y que permiten moverse por él con algo más de soltura. A pesar de su economía de caracteres (recordemos que sólo admite 140 en sus mensajes), la plataforma de *microblogging* por excelencia no deja de invadirnos con nuevos términos en inglés asociados a su plataforma. Toda esta retahíla de conceptos dificulta en demasía la adopción de la herramienta por parte de los usuarios menos avezados. Palabras impronunciables y signos indescifrables son típicos de Twitter. Vamos a tratar de aclarar algunos de los conceptos que más se utilizan.

Tweet (Mensaje)

Es el término por excelencia. Se puede definir como "el mensaje". Es decir, los 140 caracteres que pueden ser escritos en cada mensaje publicado. Véase la figura 4.1.

Followers (Seguidores)

Son cada uno de los usuarios que siguen a una cuenta de Twitter. Son aquellos que pueden leer los tweets que se envían desde la cuenta. Cada vez que twittees, el mensaje aparecerá en su *timeline* y podrán leerlo. De algún modo, el número de usuarios que siguen una cuenta hacen que ésta sea popular o no. Por ejemplo, la cuenta de Barack Obama es seguida por más de 7 millones de usuarios, mientras que la de Patxi López apenas supera los 100 mil. Véase la figura 4.2.

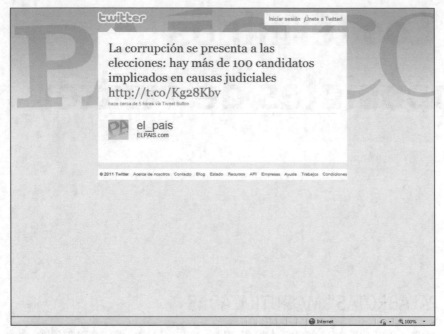

Figura 4.1. Tweet.

Figura 4.2. Seguidores.

Following (Seguidos)

Son las cuentas a las que un usuario sigue. Aquellas por las que está interesado, aquellas que dicen cosas que le interesa leer. Cada vez que cualquiera de ellas publique un mensaje, éste aparecerá en la *timeline* del seguidor y podrá consultarlo. De algún modo, es como suscribirse a los mensajes de una cuenta.

Figura 4.3. Seguidos.

Timeline (Cronología)

Es la zona de la cuenta donde se visualizan todos los mensajes, incluidos los de las cuentas a las que se siguen. Se ordenan siempre por orden cronológico. Los mensajes más recientes siempre se ubican en la parte superior. Véase la figura 4.4.

@usuario

Es el método utilizado para mostrar el nombre del usuario/cuenta en los mensajes enviados. Es único, cada usuario/cuenta tiene un nombre. Cuando un nombre de usuario es precedido por el símbolo @, se convierte en un enlace a su perfil de Twitter.

Figura 4.4. Timeline o Cronología.

Listas

Son unos grupos seleccionados de cuentas de Twitter. Se utilizan para agrupar usuarios específicos por temáticas. Es el modo habitual de organizar las cuentas. Son de gran utilidad, gracias a ellas se pueden organizar las cuentas que se siguen, encontrar cuentas interesantes y saber las últimas novedades sobre temas de interés. Véase la figura 4.5.

Perfil

Es la página de Twitter que identifica a un usuario, contiene la información sobre él y muestra los mensajes que se han publicado en esa cuenta. Véase la figura 4.6.

RT (Retweet)

Es una funcionalidad que permite republicar un tweet de otra cuenta citando su autoría, de modo que lo verán todos los seguidores. De esta forma se consigue hacer llegar a otros seguidores un mensaje de alguien a quien la cuenta sigue. Es decir, se actúa como filtro de la información hacia nuestros seguidores, de modo que se les muestra lo que nos parece interesante e importante. Véase la figura 4.7.

Figura 4.5. Listas.

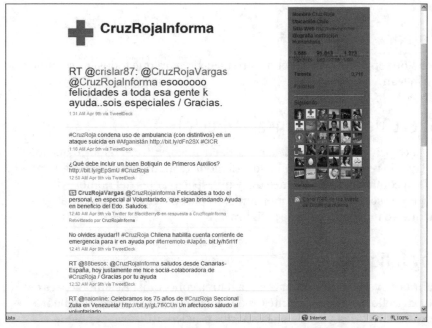

Figura 4.6. Perfil.

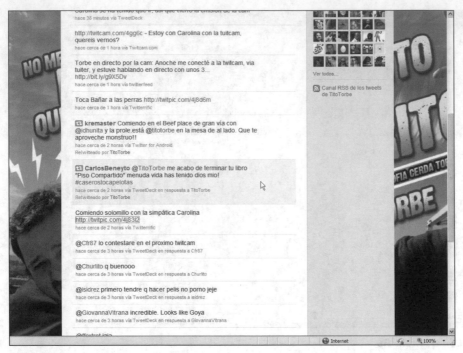

Figura 4.7. Re-tweet.

Retweetear

Es el hecho de republicar un tweet de otro usuario para que todos los seguidores del perfil lo lean.

DM, Direct Message (Mensaje Directo)

Son mensajes privados, a modo de correo electrónico, entre el usuario que lo envía y el que lo recibe. No son públicos. El modo de mandarlos es el siguiente: colocando al comienzo una d minúscula y un espacio antes del nombre del usuario que se escribirá sin @. Por ejemplo, "d pacoperez Paco pasa a recoger a Cristina, que yo no puedo". Véase la figura 4.8.

Hashtag (Etiqueta #)

Son palabras clave o etiquetas. Sirve para marca conceptos. El símbolo # es el utilizado para ello. Se coloca delante de la palabra. De este modo, esa palabra o concepto se categoriza y los demás usuarios pueden utilizarlo también, facilitando unir conversaciones y búsquedas temáticas. Véase la figura 4.9.

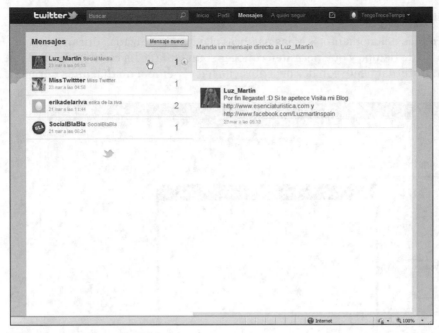

Figura 4.8. Mensaje Directo.

Figura 4.9. Hashtag.

Trending Topics (#TT)

Son los temas del momento. Son las palabras clave más utilizadas durante un transcurso de tiempo y que permiten conocer si un tema se ha convertido en popular. Habitualmente son de corta duración en el tiempo: un día, unas horas...

Figura 4.10. Trending Topics.

FollowFriday (#FF o #FollowFriday)

Es el famoso hashtag #FF que tanto se utiliza en Twitter para recomendar usuarios todos los viernes.

Consiste en iniciar un tweet con #FollowFriday e ir añadiendo los amigos o usuarios a los que se quiera recomendar. Véase la figura 4.11.

Protect Tweets

Cualquier mensaje en Twitter que por defecto sólo es visible por unos determinados usuarios previamente indicados. Con la configuración de privacidad se puede proteger la visualización de los mensajes, dejando así únicamente acceso a los usuarios establecidos.

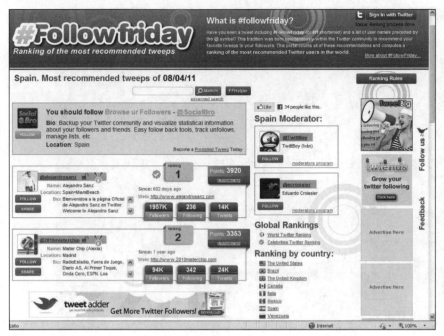

Figura 4.11. FollowFriday.

Avatar

Es la imagen iconizada que representa a cada usuario. A su vez acompaña a cada uno de los mensajes para representar la cuenta. Recientemente se están incorporando los formatos animados, indicados para algunas campañas determinadas. Véase la figura 4.12.

Menciones

Son cada uno de los mensajes en los que se incluye (menciona) un nombre de usuario. Permite conocer quién nombra la cuenta. Es importante no confundir menciones con *replys*, ya que en el segundo caso, se refiere a aquellos mensajes que comienzan con @nombreusuario. Todos los *replys* son menciones, pero no todas las menciones son *replys*.

Sidebar

Se trata de la barra vertical que aparece a la derecha de la pantalla del perfil. Habitualmente contiene los botones que permiten navegar por un determinado perfil. Muestra también información sobre la cuenta y datos sobre el usuario.

Figura 4.12. Avatar.

Unfollowear

Dejar de seguir. Con esta acción se deja de seguir a un usuario en Twitter. Sus mensajes dejan de aparecer en la *timeline*. Véase la figura 4.13.

Favoritos

Son los mensajes que cada usuario considera mejores y de especial interés. La estrella que aparece en la parte superior derecha de cada mensaje permite marcar los favoritos.

Acortadores URL

Son las aplicaciones online que permiten el acortado de una dirección Web. Dado que Twitter sólo permite 140 caracteres por mensaje se hace inevitable el uso de enlaces donde completar la información sobre la que se conversa. Si ofrecemos una noticia podemos vincular hacia la fuente, si comentamos una opinión podemos vincular hacia la referencia, etc. Los acortadores permiten indicar un vínculo hacia un sitio Web en menos de 10 caracteres, lo cual es imprescindible en Twitter. Véase la figura 4.14.

Figura 4.13. Dejar de seguir.

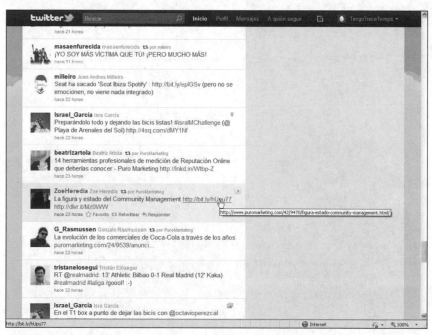

Figura 4.14. URL acortada.

5. Las bases del efecto Twitter

LAS TRES "C" CLAVES EN LA ESTRATEGIA: CONVERSACIÓN, CONTENIDO, COMUNIDAD

Uno de mis libros de cabecera, "Punk Marketing" (Laermer R. y Simmons M.), acuñó en 2008 uno de los más interesantes y creativos conceptos de Marketing, basados en las bases tradicionales. En él se hace referencia al Comercio, a los Contenidos y a los Consumidores como factores que a día de hoy resulta imposible diferenciar y que están haciendo que el control de las marcas se encuentren mucho más en manos del usuario que de las propias compañías.

Internet, los blogs, Twitter, Facebook y otros fenómenos de la última década han transformado los hábitos del usuario a la hora de relacionarse con las marcas, lo que obliga a plantear nuevas fórmulas de relación de las compañías y las marcas con su público objetivo.

Y es que es en Intenet, en las plataformas sociales, en fenómenos como Twitter donde vienen a converger las tres "C": Comercio, Contenidos y Consumidores.

Si viéramos este nuevo concepto de marketing desde el punto de vista de Twitter y el *microblogging*, las tres "C" propuestas en libro se convertirían en: Conversación, Contenido y Comunidad. En las que cada "C" significa los siguientes:

Figura 5.1. "Punk Marketing" acuñó uno de los más interesantes y creativos conceptos de Marketing, totalmente válido para Twitter.

▶ **Conversación**.

Es la clave, el vehículo adecuado para entrar en contacto con una audiencia deseosa de opinar, aportar y compartir.

▶ **Contenido**.

Un contenido de calidad (otra "C" que podría añadirse), que aporte valor y que se adapte al medio es lo que el usuario busca en Twitter.

▶ **Comunidad**.

Conseguir un grupo fiel de seguidores que disfrute de la conversación y del contenido hace que se conviertan en una comunidad que a su vez regenere ambos conceptos, con lo cual el círculo queda cerrado.

Tras el desarrollo detallado de este nuevo concepto, los autores de "Punk Marketing" aportan un manifiesto integrado por quince principios que se adaptan como anillo al dedo a las pautas de actuación que se deben seguir a la hora de desarrollar un proyecto en Twitter.

Ésta es su reproducción adaptada al mundo Twitter:

1. Evitar el riesgo es morir. Es un momento de cambio, el de mayor cambio en los últimos tiempos. El usuario lee y crea contenidos en blogs y Social Media. Twitter está a la vanguardia de este cambio. Si no se produce la adaptación al cambio, se producirá la muerte profesional.

2. ¿Por qué no? Si no se intentan y prueban cosas, se corre el riesgo de perder oportunidades.

3. Posicionar y segmentar con firmeza. Una cuenta debe tener unos objetivos centrados en un público determinado Tratar de llegar a todos conduce a ofrecer poco para todos.

4. No pelotear. No consiste en hacer la pelota al usuario, se le escucha, se conversa y se le respeta.

5. No controlar. Los usuarios son ahora quienes controlan la conversación y por lo tanto a las marcas.

6. Ante todo honestidad. Es el momento de ganarse la confianza del consumidor y de demostrar que se está dispuesto a escuchar sus opiniones.

7. Crear enemigos. Es "adecuado" posicionarse en contra de alguien, para una marca tener enemigos es bueno.

8. Dejar al usuario con ganas de más. Nike o Madonna son un ejemplo de cómo dosificarse y crear interés.

9. Ser más listo que la competencia. Si se conoce el target, siendo creativo no hace falta invertir dinero en campañas de promoción y publicidad.

10. Dejar a un lado la tecnología. Parece una contradicción pero Twitter es el contenido, no el continente.

11. Conocer quién eres. Obvio pero conviene saberlo.

12. Mentir se ha acabado. No se puede mentir durante mucho tiempo a millones de usuarios conectados a un único clic de distancia sin consecuencias.

13. No dejar pensar a los demás por nosotros. Los principios se definen por uno mismo.

14. Usar las herramientas de la revolución: ¿cuáles? Blog para empezar, Social Media para continuar y Twitter de postre.

15. Tú decides... la regla 15 es la de la participación.

COMENZAR A TWITTEAR PARA CONSEGUIR PRESTIGIO E INFLUENCIA

Un perfil de éxito, una cuenta efectiva que cumpla con los objetivos, se crea en menos de un minuto pero su desarrollo cuesta años. La casualidad no existe. Tweet a tweet, mensaje a mensaje, día a día, ahí es donde se cimenta el prestigio de una cuenta.

Pero ¿qué es el éxito en Twitter? ¿Cuáles son las claves que definen una estrategia adecuada? En nuestra opinión el éxito de una cuenta en Twitter se basa en cumplir los objetivos trazados para su creación.

No es necesario tener muchos miles de seguidores para que un perfil pueda ser exitoso.

Existen cuentas y usuarios con una cantidad de seguidores reducida pero con gran reputación y del mismo modo existen perfiles con miles de seguidores que navegan por Twitter sin pena ni gloria.

Sin embargo, alineados con los objetivos, hay dos factores que son claves en la estrategia de una cuenta, la audiencia y la reputación, es decir, los seguidores y el prestigio.

Guy Kawasaki (@GuyKawasaki) planteó que 5.000 seguidores era un buen número para poder trazar una estrategia exitosa en Twitter. De hecho se estimó que con este número si se lanzaba una pregunta se obtendrían 1 ó 2 respuestas, e incluso dependiendo del nivel de participación de los seguidores este número podría incrementarse hasta 6 ó 7 contestaciones.

Twitter Sentiment (Twittersentiment.appspot.com) es una herramienta de gran utilidad ya que permite monitorizar resultados cualitativos que tienen que ver con las emociones y sentimientos que despierta un término (persona, marca, producto, etc.). Es una aplicación con distintas posibilidades para conocer el grado de influencia y la opinión de los usuarios sobre personas concretas.

Si por el lado de la audiencia el cuantificar el éxito es sencillo, basta con obtener el número de seguidores, por el lado de la reputación es algo más complicado. En este sentido, sin entrar en detalles sobre procesos cualitativos y cuantitativos, hay varios indicadores que, básicamente, ofrecen una visión muy clara de las pautas de influencia por parte de una cuenta Twitter. Son los siguientes:

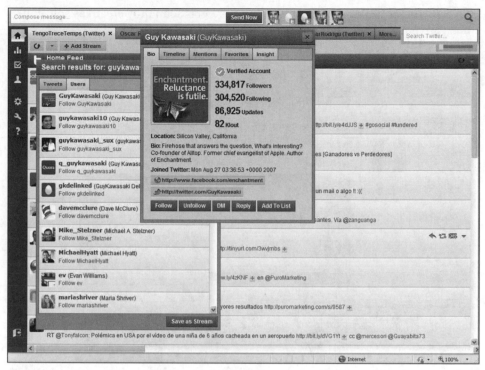

Figura 5.2. Guy Kawasaki planteó que 5.000 seguidores era un buen número para poder trazar una estrategia exitosa en Twitter.

- ► El número de seguidores.
- ► El número de listas en que aparece.
- ► El número de menciones que recibe.
- ► El número de retweets que recibe.
- ► El número de veces que otro usuario marca un tweet como favorito.
- ► El volumen de tweets publicados.
- ► La calidad de los seguidores.

Entrando en más detalle se podría discutir sobre el hecho de si es mejor que predomine la calidad de los seguidores a la cantidad o si bien se puede conseguir prestigio únicamente por el hecho de disponer de una gran audiencia. Es la eterna discusión. En cualquier otra parcela del mundo de los negocios basada en el marketing la segmentación es sinónimo de éxito pero es cierto que con el paso del tiempo Twitter se ha encargado de demostrar que es una plataforma especial, tanto que permite que muchas estrategias sean muy efectivas sólo con una gran masa crítica sin importar su segmentación y calidad.

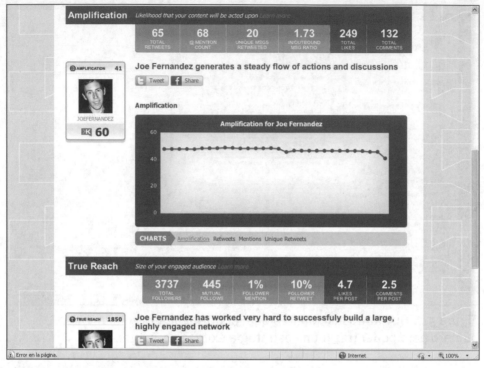

Figura 5.3. Si por el lado de la audiencia el cuantificar el éxito es sencillo, basta con obtener el número de seguidores, por el lado de la reputación es algo más complicado.

Según Guy Kawasaki (@GuyKawasaki), uno de los gurús de Twitter y uno de los mayores especialistas mundiales en el ámbito de las nuevas tecnologías y el marketing, habla siempre de los 8 factores clave que le han llevado a su éxito personal y profesional con Twitter. Son los siguientes:

▶ Múltiples perfiles.

  A nivel personal utiliza dos cuentas para generar tráfico. Al seguir una, recomienda seguir la otra.

▶ Repetición de tweets.

  Lanza cada tweet un mínimo de 2 o 3 veces al día para aumentar la probabilidad de que el mensaje llegue a todos los seguidores.

▶ Equipo de trabajo.

Dispone de varias personas produciendo, enlazando y haciendo RTs que contribuyen a sus cuentas. Siguiendo alguno de sus perfiles se pueden observar detalles como que utiliza distintos acortadores de URLs y que los mensajes utilizan distintas iniciales, lo cual indica que son redactados por "escritores fantasma".

▶ Bombardeo tecnológico.

Utiliza gran número de aplicaciones para el procesamiento de los Tweets. Por ejemplo, la mayoría de ellos están programados, de modo que consigue publicar contenidos cada cinco minutos de una forma constante.

▶ Ocupación de la *Timeline*.

Envía un alto número de tweets al día, lo que hace estar constantemente en la *Timeline* de sus seguidores.

▶ Temática variada.

Aunque sus contenidos se centran en el marketing y los negocios, en ocasiones, para dar un respiro, publica tweets sobre otros temas de actualidad.

▶ Redacción creativa.

Consigue que la mayoría de los mensajes llamen la atención por lo llamativo de su redacción. Están muy cuidados y son poderosos. Además utiliza muy bien el recurso de las listas.

▶ Landing page.

Dentro de su estrategia de generar tráfico hacia sus sitios Web, utiliza trucos como obligar a pasar por las páginas corporativas antes de llegar al contenido completo.

Mashable (`Mashable.com`), uno de los blogs más prestigiosos del mundo, ofrecía recientemente algunas recetas para intentar conseguir más influencia en Twitter.

1. Ser único, tener personalidad.

2. Participar en la conversación.

3. Aporta valor a la comunidad.

4. Atraer a seguidores importantes.

5. Compartir los conocimientos.

6. Detectar a los usuarios influyentes.

7. Convertirse en un usuario destacado.

8. Ser creativo.

9. Recompensar con respuestas cordiales.

10. Disfrutar de con la experiencia en Twitter.

CÓMO DEBO TWITTEAR SEGÚN LOS OBJETIVOS

A pesar de todo, lo queramos o no, Twitter se está convirtiendo en una de las más poderosas herramientas de marketing. Hasta hace poco el marketing obligaba a tener relación con los medios tradicionales, hoy gracias a los Social Media se ha facilitado enormemente la construcción de marcas gracias a unos grandes ratios de audiencia y a su comunidad.

Por tanto el marketing hacia la comunidad que propone Twitter se ha convertido en la clave del éxito.

Algunos usuarios de Twitter con mucha audiencia utilizan los llamados "escritores fantasmas", algo muy parecido a lo que en la literatura tradicional se denominan "escritores negros". Para ser transparentes y dejar claro que no son ellos directamente los que escriben los mensajes, utilizan iniciales o marcas al final de los tweets.

A pesar de que el título de este apartado parezca decir lo contrario ni es fácil ni conviene poner muchas reglas al uso de Twitter, fundamentalmente por su idiosincrasia. Es en el hecho de convertirla en una herramienta de marketing, que debe cumplir unos objetivos, donde se debe limitar su utilización. Las reglas las pone el objetivo de la cuenta, no Twitter. Más bien se trata de definir unas estrategias para alcanzar unos objetivos, y es en el desarrollo de estas estrategias donde se deben colocar ciertos límites. Por ejemplo, en una cuenta corporativa no sería lo más lógico publicar tweets con experiencias personales o criticando a la competencia.

Twitter es un canal importante de nuevas ideas, nuevos negocios y nuevas oportunidades. Es uno de los mejores vehículos para establecer sinergias y alianzas.

Viendo esto, la primera regla de publicación de tweets está clara: el sentido común. Sin embargo hay muchas más. A continuación propongo algunas normas de cómo se debe publicar en cuentas profesionales:

Figura 5.4. El marketing hacia la comunidad que propone Twitter se ha convertido en la clave del éxito.

- ▶ Aplicar el sentido común.
- ▶ Admitir que una vez publicado ya no hay marcha atrás.
- ▶ Recordar que todo el mundo puede leerlo.
- ▶ Seguir la estrategia planteada.
- ▶ Dar un paso más en la mera información corporativa.
- ▶ Mantener la conversación sin pausas temporales.
- ▶ Utilizar una ortografía correcta.
- ▶ Acortar todos los vínculos.
- ▶ Considerar hacer pausas entre envíos.
- ▶ Mantener el límite de 140 caracteres.

Una vez que se ha planteado cómo se debe publicar, también sería conveniente aclarar algunas prácticas que no se deben aplicar:

- ► Convertir la cuenta en demasiado personal.
- ► Publicar unidireccionalmente.
- ► Publicar conversaciones con datos privados.
- ► Publicar demasiadas abreviaturas y lenguaje tipo SMS.
- ► Publicar cosas de mal gusto.
- ► Abusar del RTs.
- ► Abusar de los DMs que puedan parecer *spam*.
- ► Publicar auto-tweets.

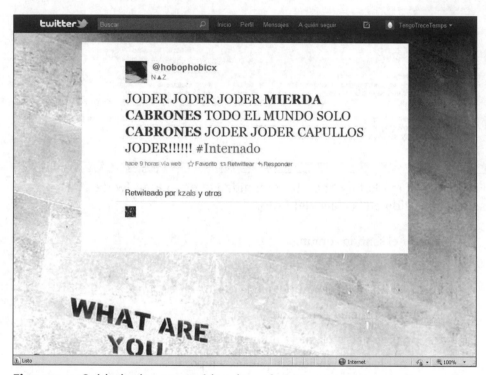

Figura 5.5. Cuidado, los contenidos de mal gusto no aportan nada.

RECETAS PARA HACER MÁS INTERESANTES LOS TWEETS

Que un tweet tenga éxito o no depende en gran medida de su estilo de redacción. Es un tema demasiado importante como para olvidarlo. Del mismo modo que una noticia atrae más o menos la atención por su titular, el contenido en Twitter puede convertirse en relevante gracias a un buen concepto de redacción.

Un tweet debe ser la unión perfecta de la creatividad, constancia, interacción, compromiso y perseverancia del autor para con el contenido.

Considerando la importancia de un buen estilo de redacción llegaremos a la conclusión de que ofrecer tweets interesantes hace que los usuarios consulten más el contenido y hagan mayor número de retweets, lo que indirectamente se convierte en tráfico y en más seguidores.

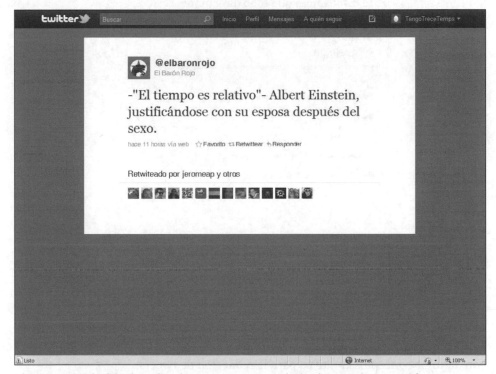

Figura 5.6. El objetivo, finalmente, es ganar la lucha por la atención del usuario, porque la audiencia se encuentre a gusto con el estilo y la calidad de los contenidos.

Queramos o no es un factor determinante. Un titular atractivo es el principal gancho para que el usuario se interese por el contenido. Desde el punto de vista de la estrategia, redactar bien es tan importante como definir los temas claves.

El objetivo, finalmente, es ganar la lucha por la atención del usuario, por que la audiencia se encuentre a gusto con el estilo y la calidad de los contenidos.

Por ello es vital conocer algunos trucos que pueden hacer destacar los tweets de una cuenta frente a los de otro perfil con la misma temática, hasta en esto hay competencia.

Figura 5.7. El uso de números en los mensajes es un concepto que suele funcionar muy bien.

Si bien existen muchas técnicas para redactar tweets atractivos, estas son sólo algunas propuestas para ayudar a generar una pequeña guía de estilo. Éstos son algunos conceptos creativos para la redacción de tweets:

▶ Vender, ofrecer un beneficio.

Por ejemplo: Pon un Community Manager en tu vida y mejora tu audiencia.

▶ Contradecir, una verdad.

Por ejemplo: La profesión de Community Manager no existe.

▶ Posicionar, una postura.

Por ejemplo: Los Community Managers desaraparecerán en menos de un año.

- ► Numerar, las ideas.

    Por ejemplo: 15 trucos de convertirse en Community Manager de la noche a la mañana.

- ► Publicitar, con palabras clave.

    Por ejemplo: Soy un Community Manager nuevo, único, garantizado, gratis y de éxito.

- ► Opinar, con un "yo" o "nosotros".

    Por ejemplo: Porque nosotros no tenemos un Community Manager en la empresa.

- ► Provocar, con cuidado.

    Por ejemplo: Hoy en día los Community Manager están al nivel de los fontaneros.

- ► Preguntar, para responder.

    Por ejemplo: ¿Cuánto puede llegar a ganar un Community Manager?

- ► Reír, siempre ayuda.

    Por ejemplo: ¡Increíble! Se ha encontrado un Community Manager en la cola del paro.

BRAINGSTORMING, IDEAS Y RAZONES PARA NUESTROS TWEETS

En ocasiones la gratuidad y el carácter tan simple de la plataforma hacen que los especialistas en medios y marketing no terminen de ver en Twitter la herramienta que necesitan en sus campañas. A estas alturas esto parece increíble.

En mi opinión muchos de ellos desprecian sin razón casos de éxitos muy notables como el de @JustinBieber.

Es un fenómeno muy claro de cómo con una utilización adecuada de Twitter un niño ha logrado alcanzar una audiencia descomunal y construir una comunidad de fans sin precedentes. Es el ejemplo de cómo un auténtico desconocido, con aptitudes cuando menos sospechosas, ha conseguido convertirse en un auténtico fenómeno de masas.

Twitter lo tiene todo, es gratuito, sencillo, inmediato, universal, viral, móvil...

Figura 5.8. Aunque a muchos les desagrade admitirlo, el fenómeno Justin Bieber es un ejemplo muy claro de una utilización adecuada de Twitter.

En este sentido, como se ha comentado con anterioridad, sólo hay un camino para poder conseguir este éxito. La investigación, el estudio del mercado, la identificación del público objetivo y el posterior análisis de los datos van a poner a nuestro servicio todo lo necesario para definir unos objetivos concretos y poder comenzar a trabajar.

Sin embargo puede que, en este proceso, lo más difícil sea identificar el interminable abanico de nuevas opciones y capacidades que subyacen bajo la interacción de los usuarios en Twitter, un entorno totalmente viral, y detectar cuáles son los temas y las fórmulas más adecuadas para producir un tweet.

> Una de las primeras recetas para "entender" algo mejor el concepto de Twitter pasa por no hacer caso a la pregunta que propone la plataforma, "¿Qué está pasando?", y más bien responder a la pregunta: "¿Qué requiere mi atención?"

Está claro, no es una tarea sencilla. A dar con la temática de los mensajes se puede llegar de una manera lógica, basta con seguir la estrategia planteada, pero descubrir el concepto y la fórmula de éxito es mucho más complicado. A esto se le une una dificultad más, el compromiso de publicar mensajes varias veces al día hace que, si no se ha trabajado previamente sobre la temática y el concepto, se convierta en un verdadero agobio.

Figura 5.9. La creatividad es un arma imbatible en Twitter.

Pero no hay por qué preocuparse. El tiempo nos dará el conocimiento y la experiencia suficientes para que esto no ocurra.

Nadie con varios años de carnet de conducir se plantea si debe cambiar de marcha o no, lo hace y ya está, es un proceso que con la experiencia se convierte en automático.

En ocasiones se debe escribir un tweet para recordar un evento, generar una conversación, valorar un producto o simplemente compartir una información, para eso no hace falta mucha inspiración.

De todos modos, se pueden plantear algunas fórmulas básicas de tweets estándar que sirven para superar la escasez de ideas y superar los momentos de bloqueo típicos. Son las siguientes:

- ▶ Lo que estás haciendo en ese momento.
- ▶ Entrar en una conversación.
- ▶ Hacer una pregunta.
- ▶ Responder a una duda.
- ▶ Compartir un artículo interesante.
- ▶ Comentar un evento.
- ▶ Compartir el lado humano del negocio.
- ▶ Transmitir una idea con sarcasmo y sentido del humor.
- ▶ Informar sobre un seminario.
- ▶ Participar en una propuesta de otro usuario.
- ▶ Publicar contenido propio.
- ▶ Transmitir un pensamiento o idea sobre un tema determinado.
- ▶ Plantear una encuesta.
- ▶ Proponer seguir a otro usuario interesante.
- ▶ Desarrollar una temática con un #Hashtag nuevo.
- ▶ Compartir una imagen o un vídeo.
- ▶ Informar sobre una actualización del blog.
- ▶ Los viernes de cada semana hacer un #FollowFriday.

Herramientas que ayudan en el día a día

Con Twitter el trabajo es mucho y la ayuda poca. Sin embargo podemos comenzar a solucionar esta dificultad apoyándonos en herramientas que por un lado impulsen nuestra productividad personal y por otro potencien la gestión diaria de los contenidos a publicar.

Por tanto, puede ser una buena práctica disponer de alguna herramienta online que permita guardar en un mismo sitio notas, ideas, enlaces, fechas, datos, estadísticas, escritos, etc.

Esto ayuda mucho a la hora de disponer de un "almacén" al que poder recurrir siempre que sea necesaria la inspiración.

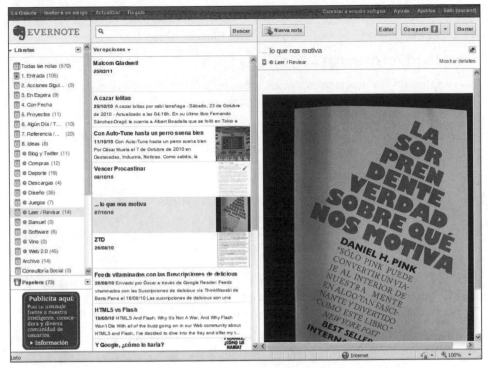

Figura 5.10. Tener herramientas a mano que nos ayuden a guardar información y categorizarla es imprescindible.

Por tanto vamos a desarrollar un pequeño listado con aplicaciones online y software de escritorio que pueden ser útiles a la hora de optimizar el trabajo.

Muchas de ellas son casi herramientas universales, conocidas por todos, y otras pueden ofrecer características que aporten nuevas productividades desconocidas.

▶ Evernote (`Evernote.com`).

   La aplicación por excelencia para la organización de información personal online.

▶ Google Docs (`Google.com`).

   El mejor modo de disponer de documentos ofimáticos online.

▶ WrIdea (`Wridea.com`).

   Un lugar para volcar y guardar online ideas, pensamientos, listas, etc.

▶ SprinPad (`Springpadit.com`).

   Una herramienta para guardar de todo y organizarlo por categorías.

- ▶ Delicious (`Delicious.com`).

  El más conocido y potente gestor de enlaces online.

- ▶ UberNote (`Ubernote.com`).

  Otra aplicación para capturar notas, organizarlas por libretas, etiquetas y favoritos.

- ▶ DropBox (`Dropbox.com`).

  El servicio de alojamiento de archivos online más utilizado y versátil.

- ▶ Google Calendar (`Google.com`).

  La agenda online más potente con características Web 2.0.

EL TWEET PROPIAMENTE DICHO

¿Qué es el tweet? Muy simple, el mensaje. ¿Qué es el mensaje? Del diccionario de la Real Academia Española la acepción que más se puede acercar es la que dice "Trasfondo o sentido profundo transmitido por una obra intelectual o artística".

Me quedo con el concepto "sentido profundo" porque un tweet es ante todo eso, sentido profundo, compromiso ante unos objetivos.

> Repetir el envío de algunos mensajes, sin pasarse, puede no ser una mala práctica dependiendo de la estrategia de la cuenta. Es fácil asumir que los seguidores no están 24x7 pendientes de la lectura de los tweets.

¿Cuáles son las bases sobre las que se debe sostener la publicación de tweets? Éstas son algunas de ellas:

- ▶ Crear tweets con personalidad propia.

- ▶ Reconocer el crédito a través de RTs y menciones.

- ▶ Dejar a un lado la autopromoción directa.

- ▶ Enlazar para facilitar la profundización.

- ▶ Limitar los RTs adecuadamente.

- ▶ Responder los DMs de los seguidores.

- ▶ Considerar la respuesta pública o el DM.

- ▶ Acortar los vínculos.

▶ Distinguir entre menciones y mensajes propios.

▶ Huir del ruido.

▶ Cultivar.

▶ Etiquetar sólo las palabras necesarias.

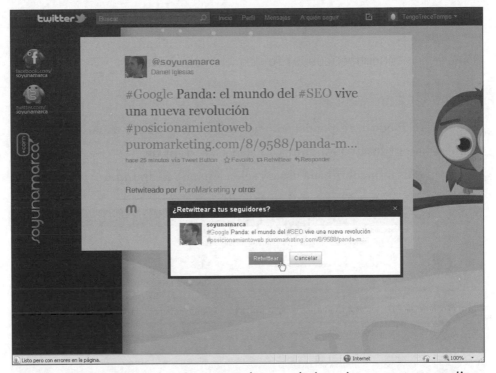

Figura 5.11. Reenviar mensajes es una buena táctica, siempre que se realice de manera adecuada y bajo una estrategia de contenidos clara.

Qué se puede hacer con un tweet y cómo

Veamos las opciones de un simple tweet, que no son pocas.

Publicar un tweet

Qué es: Es lo que se conoce como enviar un mensaje a todos los seguidores.

Cómo se hace: Escribiéndolo en la casilla de texto Qué está pasando y pulsando **Tweet**.

Borrar un tweet

Qué es: Es el modo de eliminar un tweet escrito en nuestra cuenta de la *Timeline*.

Cómo se hace: Pulsando sobre el mensaje y seleccionando **Borrar**.

Enviar un tweet a un usuario

Qué es: Es el modo de enviar un mensaje a un usuario pero que puede ser visto por los demás.

Cómo se hace: @NombreDeUsuario + el mensaje a enviar.

Responder a un tweet

Qué es: Es el modo de responder a un mensaje enviado por un usuario.

Cómo se hace: @NombreDeUsuario + el mensaje a enviar.

También: Pulsando sobre el mensaje y seleccionando **Responder**.

Figura 5.12. Ejemplo de una respuesta a un tweet desde Twitter.

Enviar un RT

Qué es: Es lo que se define como hacer un retweet (RT) y consiste en reenviar un tweet recibido para que todos los seguidores de la cuenta puedan verlo.

Cómo se hace: `RT` + `autor del tweet` + mensaje original.

También: Pulsando sobre el mensaje y seleccionando **Retweetar.**

Enviar un DM

Qué es: Es lo que se denomina habitualmente como enviar un mensaje directo (Direct Message).

Cómo se hace: DM `@NombreDeUsuario` + el mensaje a enviar.

También: Pulsando sobre el menú **Mensajes**, a continuación sobre el botón **Mensaje nuevo** y escribiendo el nombre del usuario.

Hacer una mención

Qué es: Es hacer un comentario sobre una cuenta.

Cómo se hace: `@NombreDeUsuarioMencionado` + el mensaje a enviar.

Marcar un tweet como Favorito

Qué es: Es el modo de guardar un mensaje interesante en el perfil.

Cómo se hace: Pulsando sobre el mensaje y seleccionando **Favorito**.

Algunas abreviaturas que conviene conocer

Por enésima vez, de nuevo aparece la limitación de los 140 caracteres y de nuevo vuelve a aparecer una solución básica para intentar resolverlo. En este caso son las abreviaturas, el método para intentar decir más cosas con menos texto, para resumir frases utilizadas habitualmente.

Si bien no es algo que deba utilizarse por defecto como práctica habitual, sí es verdad que es fácil encontrarse habitualmente abreviaturas en la *Timeline*, fundamentalmente de usuarios de origen anglosajón. El predominio de este idioma así como su dominio aplastante en Twitter hace que las abreviaturas que se han incorporado como lenguaje cercano a la plataforma estén basadas en el idioma inglés.

De ahí que muchos usuarios de Twitter de otros países y con problemas con el inglés se encuentren ante muchas de estas abreviaturas sin saber exactamente a qué se refieren.

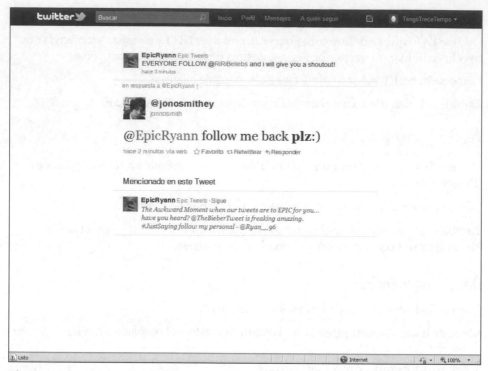

Figura 5.13. El uso de abreviaturas es común, aunque no se debe abusar.

A continuación se indican algunas de las más utilizadas y su significado:

- ► ASAP = *As soon as posible*, tan pronto como puedas.
- ► BG = *Background*, para referirse al fondo de la página del perfil de Twitter.
- ► DM = *Direct message*, mensaje directo.
- ► EM = Email, correo electrónico.
- ► FB = Facebook.
- ► FTF = *Face to face*, cara a cara.
- ► IMO = *In my opinion*, en mi opinión.
- ► IRL = *In real life*, en el mundo real, en el mundo tradicional.
- ► LI = LinkedIn.
- ► NP = *No problem*, sin problemas.
- ► PLZ = *Please*, por favor.

- ► RT = Retweet.

- ► TMB = *Tweet me back*, envía un tweet de respuesta.

- ► TMI = *Too much information*, demasiada información.

- ► TY = *Thank you*, gracias.

ACORTADO DE VÍNCULOS Y ENLACES A TODO TIPO DE CONTENIDO

Como ya se ha comentado anteriormente, la limitación a 140 caracteres de los mensajes de Twitter obliga a la utilización de vínculos que permitan ampliar la información, por ello el uso de enlaces es algo muy habitual en los tweets. Sin embargo hay una restricción más, los enlaces no pueden ser enviados tal y como aparecen en el navegador ya que ocuparían la totalidad del mensaje. Para saltar limitaciones como esta se utilizan unas pequeñas utilidades que se llaman Acortadores de URL.

Figura 5.14. Acortar URLs es una práctica tan habitual como necesaria.

Twitter también dispone de un acortador de URLs propio denominado t.co, que ofrece direcciones del tipo (`http://t.co/rRYAcus`).

Su utilización es sencilla. Basta coger nuestra dirección URL del tipo:

(`http://www.vayatelaconlasdirecciones.com/que/son/`
`LargasyNosObligan/Autilizar/OtrosProgramitasParaQuePueda/`
`SerMasSencillo-448488/`)

y pasarla, por ejemplo, por la página de Bit.ly para que se convierta en:

(`http://bit.ly/gsP9ij`).

Con esto habremos conseguido disponer de un enlace mucho más manejable y seguirá apuntando a la página original.

Esta utilidad también se puede encontrar en los programas gestores de cuentas Twitter más conocidos, ya que disponen de servicios vinculados con algunos de los acortadores más conocidos.

Por ejemplo, Hootsuite utiliza por defecto (`http://ow.ly`) mientras que TweetDeck utiliza (`http://bit.ly`). Su utilización es muy sencilla, basta con introducir la dirección larga en la casilla de texto y el acortador automáticamente devuelve una dirección corta.

A día de hoy muchos de los clientes Twitter realizan la función de acortado de direcciones con rapidez y flexibilidad. Hay que tener en cuenta que hace algún tiempo su utilización era lenta y tediosa.

¿Qué pasará si un día Twitter decide que la dirección del enlace no cuenta para sumar los 140 caracteres? Pues posiblemente que los acortadores pasarían, como mínimo, a un segundo plano y que dejarían de tener el protagonismo actual.

Algo que también hay que tener en cuenta, a la hora de monitorizar y analizar el contenido de cuenta, es que los acortadores son mucho más que eso. Aportan un valor añadido a la campaña a través de los servicios paralelos de estadísticas de visitas, previsualización de páginas, etiquetas, gráficos, etc.

Es decir, se convierten en un buen aliado a la hora de evaluar la repercusión de un contenido. Por ejemplo, es muy sencillo detectar qué impacto ha tenido la publicación de una fotografía o de un vídeo, basta con ver los resultados que ofrece el acortador de URLs.

Los acortadores a tener en cuenta

Los acortadores de URL más utilizados en Twitter son los siguientes:

▶ Bit.ly (`Bit.ly`).

Posiblemente sea el acortador más utilizado en estos momentos. Es el usado por TweetDeck. Entre otras, dispone de una opción muy interesante de estadísticas de los usuarios que han pulsado sobre el enlace acortado, que cualquiera puede ver simplemente añadiendo un + a la propia URL corta del enlace (por ejemplo, `http://bit.ly/919VHd+`). Eso sí, a estas estadísticas puede acceder cualquiera. Además de varias herramientas para mejorar sus posibilidades e incluso extensiones especiales para los navegadores más conocidos.

▶ Tinyurl.com (`Tinyurl.com`).

Se dice que es un servicio que "se ha dormido en los laureles" y así lo parece ya que, de ser líder indiscutible de uso, ha pasado al segundo lugar. No dispone de ningún servicio adicional al simple acortado de direcciones. Sin embargo, aún sigue redireccionando más de un billón de enlaces al mes, según indican en su página.

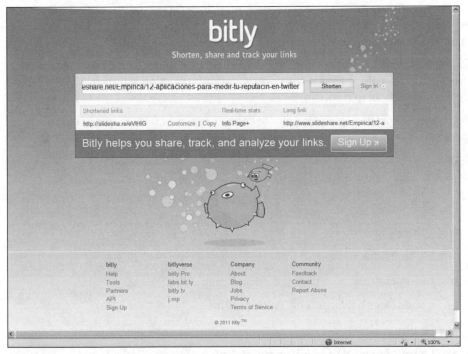

Figura 5.15. Bit.ly es posiblemente el acortador más usado en la actualidad.

▶ Ow.ly (`Ow.ly`).

Al igual que (`Ht.ly`) ofrece estadísticas interesantes puesto que antes de acortar la URL permite añadir distintos parámetros al enlace. Es la aplicación utilizada por Hootsuite y si se utiliza junto con esta herramienta, permite tener un control total sobre la información. Permite ver el historial de cualquier usuario utilizando la ruta (`Ow.ly/user/NombreDeUsuario`).

▶ Google URL Shortener (`Goo.gl`).

La apuesta de Google en este mercado. Se dice de él que es el más veloz y que sus métricas son superiores a las de otros acortadores. Pero su principal ventaja se basa en que se integra perfectamente con el resto de servicios de Google. De hecho es posible acceder a estadísticas sobre los enlaces así como conocer la ubicación de los usuarios que los visitaron, con el único requisito de disponer de una cuenta en Google.

MOTIVOS PARA SEGUIR PERFILES O PARA NO HACERLO

¿Qué debo hacer cuando hay un nuevo seguidor en la cuenta Twitter? ¿Devuelvo el follow por cortesía o si no me interesa no lo hago? Dos preguntas que se responden con otra pregunta. ¿Conseguir seguidores es una de las premisas de la estrategia para cumplir los objetivos de la cuenta?

Si la cuenta de la que proviene el seguimiento es un *spammer* o un *bot* no van a aportar mucho valor pero si es necesario defender la cantidad frente a la calidad, adelante, no hay otro remedio.

Los cánones mandan que únicamente deben seguirse cuentas que aporten un valor real y, básicamente, el único modo de conocer esta información es analizando su perfil con detalle. Lo ideal es investigar sus datos más relevantes.

Estos son algunos de los más importantes:

▶ Quién es.

▶ Qué hace.

▶ La Biografía.

▶ La *Timeline*.

▶ Los enlaces hacia sus contenidos online.

▶ La ubicación.

▶ La influencia, el prestigio social (*Klout*).

Figura 5.16. ¿Conseguir seguidores es una de las premisas de la estrategia para cumplir los objetivos de la cuenta?

Por ejemplo, en cuentas cuyos objetivos están alineados con el marketing los usuarios siguen a todos los perfiles que les siguen, básicamente por dos razones: primera, por cortesía; segunda, por la posibilidad de mandar DMs. Para muchos, los DMs de Twitter son mucho más eficientes en procesos de marketing que los correos electrónicos.

Sin embargo, si se utiliza la cuenta de manera activa seguir a una cantidad excesivamente grande de cuentas puede llegar a convertir el proceso de gestión en ingobernable. Con muchos seguidos la *Timeline* va a tal velocidad que es imposible seguir ritmo. Todo pasa demasiado deprisa.

Seguir a una cuenta no es sinónimo de que ella vaya a hacer lo mismo.

Just Unfollow (`Justunfollow.com`) es una aplicación sencilla pero muy útil que permite conocer la lista de todos los usuarios a los que la cuenta sigue pero que su seguimiento no es recíproco.

Como se ha planteado en infinitas ocasiones en este libro, el hecho de seguir o no un perfil va a tener mucho que ver con los objetivos de la cuenta.

En cualquier caso, existen algunos criterios base sobre los que apoyarse a la hora de decidir seguir o no un determinado perfil, aunque lógicamente siempre hay excepciones. Son los siguientes:

- ▶ Cuentas de personas influyentes.
- ▶ Cuentas con un contenido que aporte valor.
- ▶ Cuentas alienadas con nuestra actividad y estrategia.
- ▶ Cuentas que generen conversación interesante (opiniones, críticas, recomendaciones).
- ▶ Cuentas con prestigio y calidad, que puedan atraer a nuevos seguidores.
- ▶ Cuentas con una Biografía interesante.
- ▶ Cuentas con un nivel alto de menciones o #FollowFriday.

Del mismo modo, también existen algunos detalles que demuestran que un determinado perfil no es lo que parece o que no resulta interesante seguir. Son los siguientes:

- ▶ Cuentas inactivas.
- ▶ Cuentas con un número mínimo de publicaciones.
- ▶ Cuentas que intentan vender productos o servicios constantemente.
- ▶ Cuentas con muy poco tiempo de vida.
- ▶ Cuentas que no disponen de avatar personalizado.
- ▶ Cuentas que siguen la cuenta con la única intención de que el seguimiento sea recíproco.

Cuando una cuenta de Twitter tiene un número similar de seguidores y seguidos suele ser sinónimo de que es un perfil con interés en acumular audiencia. Sin embargo, un perfil de Twitter que sigue muchas menos cuentas de las que le siguen, habla de un usuario que selecciona y posiblemente corresponda a alguien con alta valoración de prestigio.

Inicialmente lo habitual es comenzar a seguir a contactos habituales, a marcas y personas de confianza y a aquellos que se dedican de una u otra forma a aspectos relacionados con el sector de actividad. Es el mejor modo de estar informado y de conversar. De hecho, cuando se comienza a seguir la cuenta de otro usuario, sus actualizaciones (sus tweets) comenzarán a aparecer en nuestra *Timeline* en tiempo real y por orden cronológico, lo que nos hará estar conectados de un modo muy especial.

El proceso de añadir seguidos, como ya se explicó, comienza durante el proceso de creación de la cuenta Twitter. En ese momento el sistema ofrece una opción denominada A quién seguir que muestra algunas sugerencias, en ocasiones ridículas, de perfiles recomendados.

Sin embargo al comenzar a seguir perfiles de nuestro interés la lista de usuarios sugeridos se convierte en una herramienta mucho más precisa que ofrece sugerencias mucho más adecuadas.

LAS LISTAS, EL VEHÍCULO HACIA EL CONTENIDO INTELIGENTE

Las listas de Twitter son de esos elementos conocidos por todos pero que, en la mayoría de los casos, están infravalorados e infrautilizados.

Pues bien, una afirmación importante: disponer de unas listas correctamente organizadas y bien proyectadas puede hacer de Twitter una herramienta muy potente a la hora de gestionar los contenidos. Conocemos las posibilidades de Twitter a la hora de buscar contenidos pero no tanto sus capacidades para gestionarlos y hacerlos productivos.

Existe un directorio de listas públicas Listorious (Listorious.com) que permite acceder a todo tipo de listas por temáticas, conocer en que lista está una cuenta, cuántos usuarios siguen una determinada lista, etc. Sin duda, una herramienta muy interesante.

¿Por qué? Básicamente porque una buena organización y filtración de los contenidos de las cuentas a través de listas hace que sea muy sencillo obtener la información que deseamos en cada momento de un modo eficaz y rápido. Y eso es algo difícil de rechazar.

Básicamente las listas sirven para:

- ▶ Extraer y filtrar el contenido de Twitter.
- ▶ Segmentar la información por temáticas.
- ▶ Filtrar *spam*.
- ▶ Filtrar usuarios.

Una de las principales utilidades de las listas tienen que ver con el seguimiento de cuentas. Imaginemos que no deseamos comenzar a seguir a una cuenta pero nos parece importante conocer si nos interesa o no su contenido.

Una lista es de gran utilidad en este caso. Podemos añadir ese usuario a una lista, eso nos permite controlar sus rutinas, analizar su contenido, ver sus actualizaciones, sin la obligación de seguirlo.

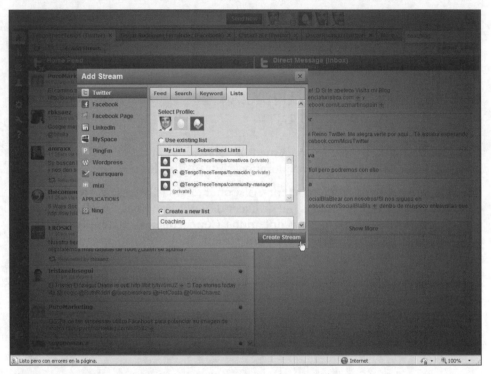

Figura 5.17. La mayoría de las aplicaciones de gestión, como Hootsuite, soportan la creación de listas y su manejo.

Gestionar las listas con habilidad para conseguir una buena productividad, no es sencillo, requiere de tiempo y paciencia.

Hasta el momento un perfil de Twitter únicamente puede crear un máximo de 20 listas, cada una de las cuales puede tener un máximo de 500 usuarios. En total 10.000 usuarios.

Otra utilidad que ofrecen las listas es la de filtrar el contenido. Por ejemplo, imaginemos que la cuenta corporativa tiene 1.000 seguidos, con lo cual la dificultad para manejar la información y encontrar el contenido de calidad se dispara. ¿Cómo hacerlo cuando se van sumando seguidos y seguidos? La respuesta es: organizar los usuarios a través de listas segmentadas.

Segmentar los tipos de usuarios por listas puede ofrecer una ventaja diferencial. Por ejemplo, es una buena práctica seguir directamente a personas a través de la *Timeline* y a empresas, servicios o medios hacerlo a través de listas específicas. Gracias a esto, con una buena combinación de habilidad y conocimiento se puede generar un buen panel de trabajo con Twitter, de modo que la *Timeline* realice una función y cada una de las listas categorizadas realice otra distinta.

Figura 5.18. La utilización de listas es un arma de gran ayuda en la gestión de contenidos. Permite manejar gran cantidad de información de un modo más adecuado.

Hay que tener en cuenta que las listas pueden ser privadas o públicas, de modo que se encuentran abiertas y pueden ser compartidas con el resto de los usuarios. De este modo, cualquier perfil puede acceder a nuestras listas, sin necesidad que siga nuestra cuenta. Nuestra cuenta puede ser también parte de una lista de otro usuario sin que nosotros lo sepamos. Es posible que a un determinado perfil le haya parecido interesante el contenido de la cuenta y esté monitorizando nuestra actividad. Aunque, si no nos gusta aparecer en esa lista podemos arreglarlo: bloquear al usuario... arreglado.

> Las listas son de gran utilidad ya que, por ejemplo, permiten analizar el comportamiento de perfiles sin la obligación de seguirlos.

Algunos otros modos conocidos de utilización de las listas son los siguientes:

- ▶ Reducir el contenido de la *Timeline*.
- ▶ Para analizar cuentas sin seguirlas.
- ▶ Seguir eventos en Twitter.
- ▶ Disponer de la información de última hora sobre una noticia importante.
- ▶ Seguir a usuarios por su ubicación.
- ▶ Organizar el contenido por temáticas.
- ▶ Facilitar las búsquedas.
- ▶ Hacer seguimientos en privado.
- ▶ Monitorizar empresas y sectores.
- ▶ Compartir con otros usuarios.
- ▶ Seguir a clientes y proveedores.
- ▶ Analizar sectores.
- ▶ Seguir eventos profesionales.

Crear una lista, agregar cuentas y acceder a ellas

El funcionamiento básico de una lista es muy sencillo. Un ejemplo. Si buscamos #profesores, obtendremos un resultado con varios usuarios desplegados contando sus historias sobre temas académicos. Si, por ejemplo, no queremos seguir a una escuela de negocios, pero queremos poder acceder a la información que proporciona, basta con pulsar sobre el nombre de usuario, acceder al menú de la cuenta y agregarlo a la lista. El proceso completo es el siguiente:

1. Acceder al perfil de la cuenta pulsando sobre su nombre en la *Timeline*.
2. Pulsar sobre el botón desplegable Listas.
3. Seleccionar **Crear Lista**.

4. Aparecerá un cuadro de diálogo Crear nueva lista en el que podremos indicar su Nombre, la Descripción y la opción de Privacidad que deseemos.

5. Pulsar en **Guardar lista**.

6. Una vez hecho esto la lista se encontrará ya disponible. Para acceder a ella a su información debemos pulsar sobre el menú Perfil de la parte superior.

7. A continuación pulsar sobre la persiana desplegable Listas y seleccionar el nombre de la recién creada.

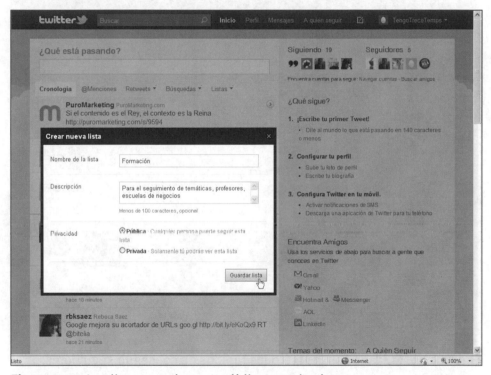

Figura 5.19. Las listas pueden ser públicas o privadas.

Twitter también ofrece la posibilidad de seguir listas, del mismo modo que se siguen cuentas. Es un modo de disponer de las mismas listas que perfiles influyentes o lideres de opinión. Si los líderes han creado estas listas, es porque estas listas les son útiles y ofrecen contenido de calidad.

ESTRATEGIAS PARA ATRAER AUDIENCIA

Con el tiempo la cuenta Twitter comienza a mostrar dinamismo y actividad. El contenido interesará a algunos seguidores que con su promoción atraerán a cada vez más usuarios seducidos por lo que ofrece. Es el círculo del éxito.

De una manera errónea muchos profesionales se afanan por tener cuentas con mucha audiencia. Para los amigos de lo cuantitativo esta es la clave, relegando a un segundo plano a otro de los factores también muy importantes como los cualitativos.

Figura 5.20. Cuidado con los métodos rápidos de conseguir seguidores.

Para atraer audiencia a una cuenta Twitter existen tantas fórmulas como emprendedores activos. Hay profesionales que utilizan la táctica de seguir a gran número de cuentas para buscar la reciprocidad y otros apuestan por publicar contenidos de calidad y esperar que perfiles cercanos a su segmentación los encuentren. Ambos conceptos son válidos y ambos permiten conseguir seguidores, de más o menos calidad. Sin embargo, hay muchas posibilidades y se pueden plantear todo tipo de estrategias.

Hay muchas fórmulas para atraer seguidores. Algunas muy zafias. En un momento dado, un experto SEO, para el cual es complicado generar contenidos, trata de generar controversia para ganar algo de tráfico a su blog o hacer que un usuario desencantado le siga.

Según un estudio llevado a cabo por la Asociación Española de la Economía Digital en Julio de 2010 únicamente el 5 por cien de perfiles en Twitter tienen mas de 1.000 seguidores. Y eso que, según el mismo estudio, casi el 70 por cien de usuarios está relacionado con el mundo de la tecnología e Internet.

Esto demuestra lo que nadie puede negar, que disponer de una audiencia importante hace mucho más sencillo establecer las estrategias de cara a tener éxito en campañas con Twitter. Sin seguidores la utilización de la plataforma como herramienta de marketing y comunicación queda poco menos que anulada. Es complicado comunicar si no se dispone de la suficiente audiencia y eso en Twitter es sinónimo de seguidores.

Los primeros seguidores marcan la pauta del éxito de una cuenta. Son sus principales prescriptores, pueden atraer o alejar a nuevos seguidores. Es muy importante comenzar con buen pie, por ello conviene que los primeros perfiles que sigan la cuenta estén alineados con personas de prestigio e influyentes.

No hay recetas mágicas, más bien horas y horas de probar y equivocarse. Al final en Twitter se recibe lo que se da. Si se ofrece valor, se recogerá valor. A pesar de lo que a veces puede leerse en muchos sitios, conseguir seguidores no tiene secretos, forma parte de seguir un plan establecido de estrategias que culminarán con paciencia, constancia y trabajo.

Éstas son algunas de las estrategias que conviene desarrollar para hacer llegar la cuenta Twitter a una mayor audiencia:

- ▶ Disponer de un perfil adecuado, correctamente configurado.
- ▶ Ofrecer una Biografía con datos personales y profesionales adecuados.
- ▶ Publicar contenidos alineados con la Biografía.
- ▶ Enlazar con contenido de calidad.
- ▶ Redactar tweets con mensajes llamativos.
- ▶ Crear un estilo propio, con personalidad.
- ▶ Agregar valor a través del contenido.
- ▶ Publicar mensajes que resulten interesantes.

- ▶ Utilizar palabras clave en nuestro sector y actividad.
- ▶ Conversar con los usuarios.
- ▶ Interactuar con la comunidad.
- ▶ Promocionar adecuadamente la cuenta.
- ▶ Perseverar y trabajar.
- ▶ Esperar el tiempo oportuno para ver los resultados.

Figura 5.21. Para conseguir una audiencia de calidad no hay recetas mágicas, más bien horas y horas de probar y equivocarse.

Sin embargo algo debe quedar claro. Mirándolo desde el punto de vista del marketing, podemos concentrar todos nuestros esfuerzos en conseguir audiencia pero es más importante aún saber qué le vamos a comunicar a esa audiencia, sobre qué vamos a conversar con ella. Hace un tiempo en una entrevista, Cate Riegner, Vicepresidente de Análisis de NetPop, hacía un comentario que es clave para sustentar esta afirmación. "Las marcas y los anunciantes que se dirigen a un público más joven, definitivamente deberían estar haciendo cosas mucho más creativas en Twitter, incluyendo a sus clientes en el proceso de dar con esas ideas. La cuestión no debería ser cómo atraer muchos seguidores, sino qué se hace con los que se tiene. Podemos tener un montón de seguidores pero si no están respondiendo y haciendo RT, las ofertas y mensajes no están trabajando lo suficiente". Amén.

#FOLLOWFRIDAY, EL ARTE DE LA RECOMENDACIÓN

#FollowFriday es todo un fenómeno en Twitter, tan resultón como sencillo, una idea simple convertida en un auténtico éxito. #FollowFriday, también utilizado como #FF, es un hashtag que se usa todos los viernes en Twitter para etiquetar recomendaciones de gente a seguir. Alguien considera que una cuenta es merecedora de ser seguida, por sus contenidos, por su calidad, por su creatividad, por lo que sea... y lo comparte con el resto de usuarios. Así de sencillo.

Según varios estudios, los viernes son días muy especiales. Durante el último día laboral es los usuarios son más activos y, por tanto, cuando más tweets se publican. Además, claro está, se sigue la rutina del Follow Friday, lo que seguro que ayuda.

Cuando la recomendación es concienzuda, cosa que últimamente está dejando de ocurrir, se trata de una práctica que ofrece grandes beneficios ya que permite conocer cuentas y perfiles que de otro modo no sería posible detectar. Véase a figura 5.22.

Lo que está pasando cada vez más es que se hace #FollowFriday a seguidores, sin grandes causas, simplemente porque se ha convertido en una rutina, lo que ha hecho que el sistema pierda fuerza.

El modo adecuado de hacerlo es el siguiente:

#FollowFriday @NombreDeUsuario + un mensaje con la razón de la recomendación.

De este modo se consigue dar a conocer una cuenta e indicar la razón por la que es recomendable.

HASHTAGS, UN NOMBRE RARO PARA DENOMINAR UNA ETIQUETA

Todos conocemos los tags o etiquetas utilizadas habitualmente en blogs o plataformas sociales para clasificar el contenido. Pues bien, el término hashtag define un concepto similar pero específico de Twitter.

Básicamente son etiquetas de texto que se utilizan como un sistema para clasificar los contenidos y poder identificarlos temáticamente de manera sencilla. De algún modo existe una gran variedad de hashtags muy establecidos y otros que son creados diariamente.

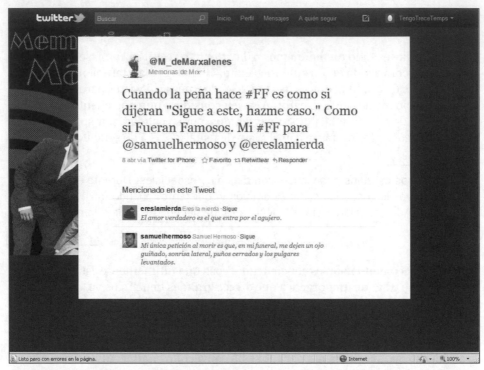

Figura 5.22. Cuando la recomendación es concienzuda, cosa que últimamente está dejando de ocurrir, se trata de una práctica que ofrece grandes beneficios.

Su utilización es muy sencilla. Basta con añadir el signo # y a continuación la palabra que identifique el tema. Por ejemplo, si escribimos un tweet sobre Windows, podríamos etiquetarlo con hashtags como #Microsoft, #SistemaOperativo o #Ventanas.

Es importante utilizar hashtags a la hora de publicar tweets ya que facilita la localización del contenido, pero también de la cuenta. De hecho cuando se busca un mensaje por un hashtag determinado aparecerá nuestra cuenta.

Además la utilización de hashtags se ha convertido en un proceso especialmente viral, ya que tienden a moverse por Twitter de un modo muy rápido y se buscan con voracidad.

Figura 5.23. Los hashtags pueden ser utilizados de múltiples formas y con todo tipo de intereses.

Existen herramientas online especializadas en la búsqueda de contenidos a través de hashtags. Algunas de las más utilizadas on Hashtags.or (`Hashtags.org`), Twubs (`Twubs.com`), What The Trend (`whatthetrend.com`) ya que, además de todos los tweets publicados con la etiqueta indicada, ofrecen estadísticas específicas sobre el término.

A medida que un hashtag se vuelve popular, también se convierten en un vehículo propicio para el *spam*. Algunos usuarios utilizan los hashtags populares para publicar mensajes que no están relacionados con la etiqueta y aparecer en los primeros puestos de las búsquedas.

Los hashtags resultan también una herramienta muy potente a la hora de desarrollar campañas corporativas en Twitter ya que permiten establecer un *branding* especial y generar cierto sentido de comunidad.

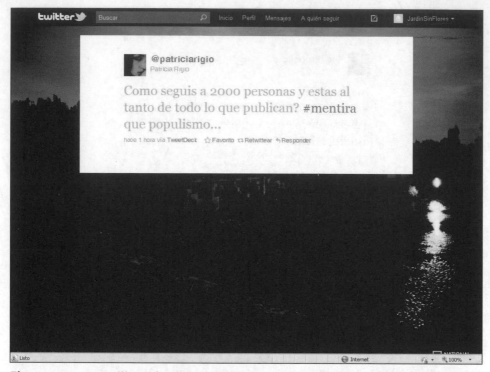

Figura 5.24. La utilización de un hashtag es muy sencilla, basta con añadir el signo # y a continuación la palabra que identifique el tema.

De algún modo la estrategia para desarrollar y promocionar un hashtag se puede parecer mucho a la utilización de un *claim*. Éstos son algunos de los consejos a tener en cuenta para convertir un hashtag en un término popular:

- ▶ Buscar un nombre adecuado a la campaña.

- ▶ Intentar que sea un término corto.

- ▶ Pueden utilizarse varias palabras juntas.

- ▶ Utilizar un término fácil de memorizar.

- ▶ Publicar y promover el término siempre que sea adecuado.

- ▶ Asignar el término a contenido de calidad.

- ▶ Participar en la conversación y usar el término.

- ▶ Involucrar a los usuarios que utilizan el término.

- ▶ Monitorizar su uso por parte de los usuarios.

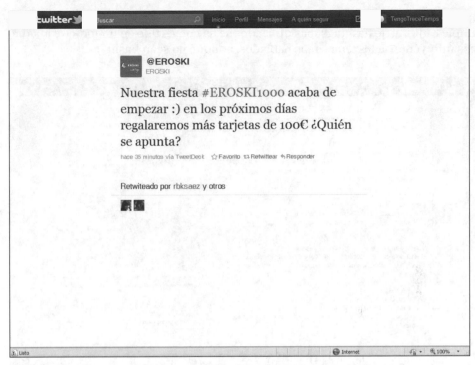

Figura 5.25. Los hashtags son una herramienta muy potente a la hora de desarrollar campañas de promoción.

También a nivel profesional los hashtags se utilizan de un modo habitual para seguir eventos, seminarios y conferencias, de modo que permite unificar todos los tweets con comentarios y monitorizar la conversación en tiempo real.

TRENDING TOPICS, SEGUIR LAS TENDENCIAS

El término Trending Topics es el utilizado en Twitter para denominar a la lista de tendencias dentro de la plataforma, es decir, los temas sobre los que se escriben un mayor número de tweets durante un espacio de tiempo. De algún modo, sirven para detectar temas de interés, son el termómetro de lo que sucede en la vida real, y habitualmente se basan en los hashtags. Los más relevantes se muestran en la página de inicio de la propia interfaz de Twitter.

Su duración varía mucho según el término o la noticia. A pesar que de existan temas muy comentados durante todo el día, la duración del interés por ellos se puede reducir a tiempos muy cortos, en ocasiones menos de media hora. Esto es así por la gran demanda de información a nivel mundial, un factor clave en la escasa duración de los Trending Topics.

Los Trending Topics tienen su origen en los hashtags. Lo que en principio fue un simple ranking de hashtags más utilizados se ha convertido en un índice cada día más influyente de los temas más hablados, aunque no sean hashtags.

Figura 5.26. Actualmente la tendencia es intentar segmentar localmente los Trending Topics por lo que Twitter no para de incrementar mejoras a la plataforma que van encaminadas a ofrecer listados de términos de actualidad por ciudades.

La última tendencia de Twitter ha sido vender los Trending Topics como espacios publicitarios. Twitter llama a esta acción Promoted Trends. Desde hace algún tiempo ya es posible disponer de hashtags patrocinados al principio de la lista. Muchos usuarios ya están preocupados por que la lista de Trending Topics se llene de *spam*.

El sistema de Trending Topics ha sido objeto de muchas críticas, esencialmente por el control que Twitter ejerce sobre su publicación. Un ejemplo claro es el de Wikileaks, que durante su tan sonada aparición únicamente fue Trending Topic durante los primeros días, provocando acusaciones de censura.

Actualmente la tendencia es intentar segmentar localmente los Trending Topics por lo que Twitter no para de incrementar mejoras a la plataforma que van encaminadas a ofrecer listados de términos de actualidad por ciudades. Es decir, de qué se está hablando en una zona muy concreta, es lo que se denominan Local Trends. Esto es, sin duda, un movimiento claro hacia la geolocalización de contenidos.

Existen varias herramientas que permiten seguir los Trending Topics y monitorizar su potencial. Sin embargo una de las más potentes es Twitscoop (Twitscoop.com) ya que permite saber cuales son los Trending Topics del momento, ofrece un buscador y permite segmentarlos por países o incluso ciudades.

Desde el punto de vista profesional, la "creación" de un Trending Topic no es sencilla. A todo el mundo le gusta serlo. Sin embargo no basta con medir el número de tweets relacionados con un determinado tema para estar en la lista. Según Twitter influyen también otros factores. Twitter filtra la información según una fórmula matemática para obtener también el crecimiento exponencial, la zona horaria, el número de tweets producidos en la última hora, el número de followers del usuario que lanza el tweet y el número de retweets, entre otros.

De hecho, si sólo se tuvieran en cuenta el número de tweets, a diario serían Trending Topic, frases como "buenos días" o "feliz cumpleaños".

6. Estudio de casos reales según objetivos y target

La importancia que Twitter está comenzando a tener en el día a día del usuario, así como en empresas e instituciones, se debe a que, en realidad, es uno de los medios más asequibles e inmediatos a los que se puede optar a la hora de comunicar algo.

Las actuales estrategias comerciales y de marketing de las compañías han motivado que su aparición en Twitter en busca de la comunicación y fidelización con el cliente sea como mínimo obligatoria. Por eso, por fin, Twitter comienza a dejar de ser un modo para "conseguir seguidores", y se revela día a día como una vía con infinitas posibilidades a la hora de comunicar, fundamentalmente conversando.

Todo aquel que antepone la conversación a la comunicación pura suele obtener éxito utilizando Twitter.

Hay cientos de ejemplos de sus posibilidades y se podría escribir un libro sólo detallando las fórmulas que se han utilizado, con Twitter como auténtico protagonista, en campañas de éxito.

Refiriéndome a un viejo refrán español que dice "la suerte de la fea la guapa la desea", a continuación paso a mostrar algunas campañas que, si bien a los ojos de muchos gurús y puristas no lo son tanto, dejan entrever un gran talento y una admirable utilización de Twitter por parte de sus protagonistas.

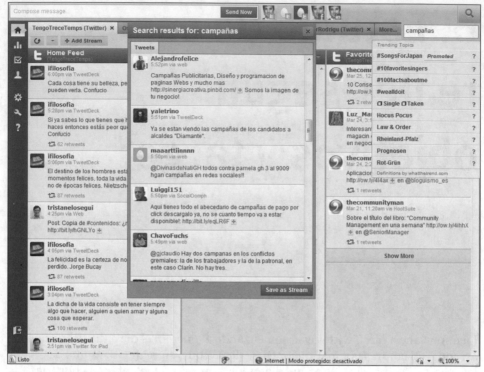

Figura 6.1. Campaña.

Favorecer el comentario, la valoración y la crítica es una fórmula de éxito que no suele fallar en una campaña con Twitter.

MEJORAR EL SOPORTE AL CLIENTE

Comcast

Veamos este caso en detalle.

Objetivo

Solucionar un serio problema de soporte al cliente, al ser Comcast el operador de cable peor considerado en las encuestas de satisfacción de clientes durante mucho tiempo.

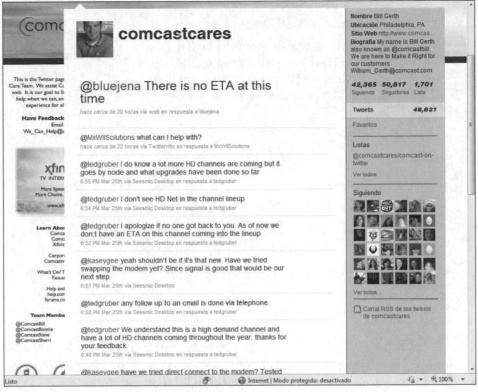

Figura 6.2. Con la cuenta (@ConcastCares) el operador de cable consiguió comenzar con una estrategia que le ha llevado a ofrecer un servicio de soporte más eficaz.

Estrategia

▶ Utilizar Twitter como una herramienta para el soporte a clientes.

▶ Proporcionar un servicio de soporte mucho más rápido y directo que el de los call-centers que tenía operando hasta el momento.

▶ Crear varios canales de atención al cliente, gestionados por distintos profesionales de la compañía, con cuentas personales que participan en el soporte.

▶ Escuchar al cliente.

▶ Ofrecer un servicio de soporte mucho más eficaz a través de la cuenta @ComcastCares.

Figura 6.3. La satisfacción de los clientes de la compañía experimentó a principios de 2010 una mejora del 9 por cien, fundamentalmente por disponer de un servicio de soporte rápido, directo y eficaz.

Resultado

▶ A raíz de utilizar Twitter ha conseguido dar la vuelta a la tortilla y ahora Comcast mantiene unas estadísticas de elevada satisfacción de los clientes.

▶ @ComcastCares donde a día de hoy cuentan con más de 50.000 seguidores.

▶ Se atienden varios cientos de tweets de soporte al día.

▶ La satisfacción de los clientes de la compañía experimentó a principios de 2010 una mejora del 9%, la mayor entre todos los operadores de cable y satélite, una ganancia atribuida de manera prácticamente exclusiva al uso de Twitter.

▶ Durante el "Web 2.0 Summit" en California, Brian Roberts, Director de Comcast, dijo sobre Twitter "Ha sido un cambio de cultura para la empresa".

APOYO EL LANZAMIENTO DE UN PRODUCTO

Torrente 4: Lethal Crisis

Veamos cómo se ha conseguido.

Objetivo

Promocionar el lanzamiento de la película utilizando la buena imagen social de su director Santiago Segura. La cuenta personal del director, recién estrenada, era toda una declaración de intenciones "Si pensáis que me he hecho de Twitter para promocionar Torrente 4, estáis totalmente... en lo cierto".

Figura 6.4. "Si pensáis que me he hecho de Twitter para promocionar Torrente 4, estáis totalmente... en lo cierto". Santiago Segura.

Estrategia

▶ Utilizar la apertura de una cuenta personal de su director, Santiago Segura (@SSantiagosegura) para calentar el estreno de la película.

► Publicar durante los días claves antes del estreno contenidos personales de Santiago Segura que pudieran dar origen a la conversación como "Si mi vida personal no fuese una puta mierda, estaría muy feliz con el éxito de Torrente 4" o "Impresionante la cara de culo de la Pajín durante el discurso de Álex... La Sinde careto de circunstancias...".

► Utilizar también la apertura de una cuenta personal de uno de los actores, Kiko Rivera (@riverakiko) para apoyar en contenidos a la del director.

► Aprovechar los medios tradicionales, como las entrevistas en televisión o en revistas, para dirigir al usuario también a la cuenta Twitter.

Figura 6.5. El director publicó, durante los días claves antes del estreno, contenidos y opiniones personales que pudieran dar origen a la conversación.

Resultado

► El trabajo de promoción fue todo un éxito y batió records en el cine español.

► Torrente 4 alcanzó records históricos en su primer fin de semana de estreno, desde el viernes hasta el lunes 14 de marzo de 2011 más de un millón de personas habían visto la nueva entrega.

► El hashtag de la película (#Torrente 4) se convirtió en Trending Topic en España.

► Curiosamente, mientras la cuenta Twitter de Santiago Segura estaba en los 110.000 seguidores, el perfil oficial (@Torrentecuatro) no conseguía pasar de los 1.000 durante toda la campaña.

► Su director, Santiago Segura, pidió en un conocido programa de televisión español, El Hormiguero, que los espectadores siguiesen su cuenta en Twitter. Media hora después confesó tener 11.000 seguidores más en su cuenta personal.

► Tras twittear algunos de sus pensamientos personales, como "Si mi vida personal no fuese una puta mierda, estaría muy feliz con el éxito de Torrente 4", consiguió aumentar su reputación de manera importante, "Acabas de ganar muchos puntos. Ser sincero en Twitter no se ve mucho entre los famosos", le dijeron.

► Apoyo a través de Twitter de los amigos durante el preestreno y también directores como Álex de la Iglesia o Nacho Vigalondo.

AUMENTO DE LA POPULARIDAD

Charlie Sheen

Un caso a estudiar.

Objetivo

Tras ser despedido por Warner de la serie "Dos hombre y medio", por problemas relacionados con el consumo de drogas y por descalificar con insultos a su productor Chuck Lorre, el actor necesitaba aumentar su popularidad y mantenerse visible para el público. En resumen, afianzar su marca personal para conseguir trabajo de nuevo, incluso mejor pagado que el anterior.

Estrategia

► Utilizar su desordenada vida personal para convertirse en el epicentro de una gran polémica a través de la apertura de una cuenta personal (@charliesheen) en Twitter.

► Tweets irreverentes que llamaron la atención con mensajes a favor de algunos vicios, haciendo alusiones al productor de la serie "Dos hombre y medio".

Figura 6.6. Charlie Sheen consiguió su objetivo con Twitter, afianzar su marca personal para seguir trabajando y aumentar su cotización.

- ▶ Publicación de tweets con fotografías junto a actrices porno.

- ▶ Establecer un nuevo lenguaje en el que se compartieron hashtags como #tigerblood (sangre de tigre), #winnings (ganadores), #adonis dna (ADN de Adonis) y #fire-breathing fists (puños que escupen fuego) han sido repetidas continuamente, incluso por empresas y otros famosos, generando un efecto bola de nieve.

- ▶ Presentar una demanda por 100 millones de dólares a la cadena alegando que fue despedido injustamente y mofarse de ello en los Social Media.

Según Mathew Lynn, columnista de Bloomberg, "el polémico actor está dando, a pesar de sus escándalos, una auténtica lección a Wall Street y a muchas compañías, sobre todo de medios y entretenimiento, que demuestran no entender a las celebridades ni la forma en que éstas actúan".

Figura 6.7. Utilizó su desordenada vida personal para convertirse en el epicentro de una gran polémica a través de tweets de mal gusto, mensajes a favor de algunos vicios, haciendo alusiones personales, publicando fotografías junto a actrices porno.

Resultado

▶ El actor norteamericano logró un récord Guinnes mundial al conseguir un millón de personas en su cuenta Twitter en tan sólo 25 horas y 17 minutos, poco más de un día.

▶ A principios de marzo de 2011 cada tweet del actor generaba entre 400.000 y 1,4 millones de impresiones.

▶ Sheen logró colocar no sólo su imagen sino también sus frases en la mente de sus seguidores e incluso de sus detractores. El efecto de los hashtags de Sheen llevó a su venta a través de pósters y camisetas, como una especie de lema o marca registrada "Sheen".

▶ Cinco días después de haberse estrenado en Twitter, Sheen lanzó su primer anuncio en la red social. Se estrenó con una publicidad para la compañía de alquileres `Internships.com`, demostrando su éxito.

▶ Sus fotos en Twitpic llegaron a alcanzar picos de más de 1.4 millones de visitas.

▶ Según TMZ, Sheen esperaba recaudar 7 millones de dólares en un mes durante las 21 actuaciones que tenía cerradas en su agenda por las que cobraría entre 250.000 y 275.000 dólares por cada una, con la contrapartida de que no gastaría dinero en publicidad, pues la promoción se haría a través de su Twitter.

▶ Un estudio de la firma de análisis de datos sociales `Twitter ReSearch.ly` reveló que las menciones del actor generaron entre los usuarios más sentimientos positivos que negativos.

▶ Todo hace indicar que consiguió un aumento considerable de su popularidad e influencia a todos los niveles, lo cual le llevó a obtener grandes beneficios económicos a muy corto plazo y a abrir procesos de acuerdo con varias televisiones, entre ellas la Fox, para regresar a las pantallas.

▶ Consiguió superar a Lady Gaga en los rankings de popularidad de Internet.

▶ El propio Sheen comentó en una entrevista a Piers Morgan en la cadena estadounidense CNN que estaba montando "el tsunami de los medios de comunicación... en una tabla de surf de mercurio".

En una campaña en Twitter de gran éxito por parte de Old Spice, la compañía alcanzó 92.000 seguidores en dos semanas. Charlie Sheen logró esa cantidad de seguidores en sólo dos horas.

DIFERENCIACIÓN DE LA COMPETENCIA

VEO7

Cuando menos original.

Objetivo

Para diferenciarse de la competencia, Veo7 quiso aportar dinamismo e inmediatez con los telespectadores a través de la interacción con la audiencia en tiempo real a través de Twitter. Con Twision, un programa protagonista de una apuesta muy arriesgada, quiso posicionar el canal como un referente en la actualidad de los Social Media y ofrecer una imagen de vanguardia y modernidad en la cadena.

Figura 6.8. Twision fue un programa multitemático, precursor en basarse en la información extraída de los Social Media.

Estrategia

▶ Lanzamiento de un nuevo programa multitemático, denominado Twision, precursor en basarse en la información extraída de los Social Media.

▶ Dar el protagonismo de la información y la crítica, no a periodistas ni políticos, sino de los usuarios de los Social Media, que pudieron expresar su opinión libremente durante la emisión del programa.

▶ Liderar la idea con periodistas de renombre como Melchor Miralles (por esa fecha Director General de Veo7) o Paco García Caridad, con perfiles muy marcados y que generarían conversación.

▶ Involucrar en el proyecto a todo el personal de la cadena. Directivos, secretarias, presentadores de otros espacios televisivos y hasta becarios trabajaron y aportaron contenido a Twision, muchas veces fuera de horario laboral.

Figura 6.9. La idea fue dar todo el protagonismo de la información
y la crítica, no a periodistas ni políticos, sino a los usuarios
de los Social Media, que pudieron expresar su opinión libremente
durante la emisión del programa.

Resultado

► La cadena Veo7 logró una gran notoriedad con la apuesta.

► Twision fue reconocimiento internacional por su novedoso formato.

► Los resultados de audiencia de los tres primeros programas superaron las expectativas de la cadena.

► Pese a emitirse en un horario difícil, el primer programa recibió más de 2.000 tweets utilizando el hashtag #Veo7 que fue Trending Topic.

► La prensa internacional, incluido el Washington Post, hizo referencia al programa.

► Fue elegido en el MIPTV de Cannes, entre los 25 formatos mundiales más importantes del año.

► 5.000 seguidores en Twitter (@Veo7).

- ▶ 12.000 seguidores de Melchor Miralles (@melchormiralles).
- ▶ 5.000 seguidores de Marta Simonet (@martasimonet).
- ▶ 18.000 seguidores de Paco García Caridad (@pacogcaridad).

VENTA DIRECTA

Dell Outlet Twitter Program

Un caso muy significativo.

Objetivo

Utilizar el poder de Twitter para hacer llegar a los usuarios promociones especiales de venta de hardware antiguo o descatalogado de la tienda online Dell Outlet.

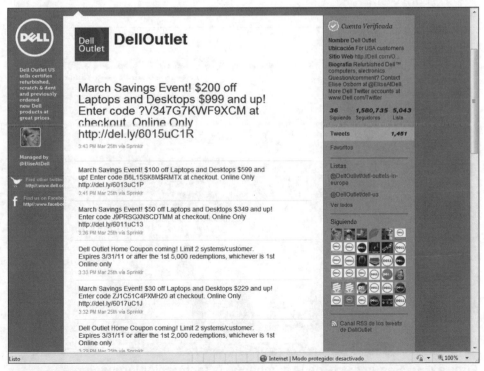

Figura 6.10. Dell Outlet ofrece descuentos importantes, del 20%, 30% hasta 50%, por productos que en muchos casos resultan interesantes.

Estrategia

► Realizar envíos de alertas con promociones y códigos de descuento de duración limitada.

► Proyectar envíos unas pocas veces por semana para no saturar a los seguidores.

► Rastrear Internet para conocer qué es lo que los clientes encuentran más atractivo para ofrecérselo.

► Generar "ruido" a través de ofertas que son constantemente retuiteadas por los usuarios.

► Ofrecer descuentos importantes, del 20%, 30% hasta 50%, por productos que en muchos casos resultan interesantes.

► Destinar a algo más de 100 empleados a twittear a tiempo completo enviando promociones exclusivas para el seguidor de Twitter.

► Desarrollar una red de más de 30 cuentas en Twitter con contenidos sobre Dell.

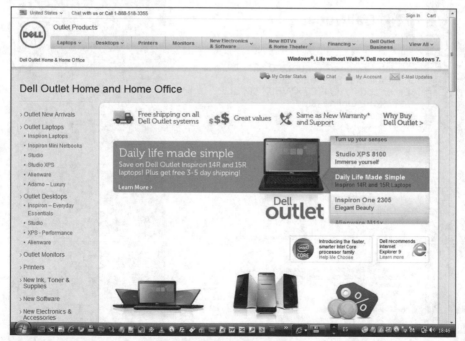

Figura 6.11. Según datos de la compañía, la facturación proveniente de usuarios de Twitter exclusivamente había superado los 6.5 millones de dólares a principios de 2011.

Resultado

▶ Ventas por valor de 6.5 millones de dólares, según la compañía, provenientes exclusivamente de usuarios de Twitter de hasta 12 nacionalidades diferentes.

▶ Actualmente Dell es la segunda marca más respetada por cantidad y calidad de su actividad en los Social Media y especialmente en Twitter.

▶ Aumento significativo de seguidores, con un total de 1.6 millones sólo en la cuenta del outlet para Estados Unidos (@delloutlet) y otros 8.500 seguidores en la cuenta del outlet para Europa (@delloutletuk).

▶ Convertir las cuentas corporativas de la compañía en un canal más de contenido y venta. El éxito obtenido con el outlet a través de Twitter hizo que la compañía norteamericana comenzara a comercializar también máquinas nuevas en otras cuentas.

▶ Los cálculos de Dell indican que, durante 2009, Twitter le había generado unas ventas por valor de 3 millones de dólares.

▶ El aumento de ventas de productos outlet permite tener menos tiempo las unidades en stock, con lo que se consiguen mejorar las condiciones de la logística interna.

▶ Creación de una nueva base de clientes, muchos de ellos "robados", provenientes de otras marcas.

INFORMACIÓN DE PRODUCTO

Vueling

La compañía lo ha logrado; veamos cómo.

Objetivo

La compañía Vueling (@vueling) se propuso dar a conocer algunas de sus rutas menos utilizadas y enfatizar del conocimiento por parte de los usuarios de algunas de las ciudades a las que llega como destino con sus aviones.

Estrategia

▶ Utilizar una campaña de efecto muy rápido de gran originalidad a través de Twitter.

▶ Publicar un tweet (#vuelingtweet) cada cierto tiempo.

Figura 6.12. Vueling planteó una campaña por la que consiguió dar a conocer algunas de sus rutas menos utilizadas.

► Crear tweets en los que regaló 10 billetes de avión a las 10 primeras personas que se presentaran en un punto concreto de una ciudad minutos más tarde.

► Plantear un "juego" rápido y preciso. El proceso duró una media de seis minutos, desde que se revelaba el lugar de encuentro hasta que una azafata de Vueling hacía la entrega del billete de avión a los ganadores en el lugar indicado.

► Unir la campaña a los usuarios de otras plataformas sociales, como Facebook.

Resultado

► La compañía consiguió publicitar las rutas en las que opera sin necesidad de una gran inversión publicitaria.

► El método permitió reforzar la presencia de Vueling en los Social Media en un tiempo récord.

Figura 6.13. El proceso duró una media de seis minutos, desde que se revelaba el lugar de encuentro hasta que una azafata de Vueling hacía la entrega del billete de avión a los ganadores en el lugar indicado.

► La compañía aseguró haber duplicado sus seguidores en Twitter en cuestión de horas (cerca de los 10.000).

► Tras el lanzamiento de un (#vuelingtweet) a Bilbao, en pocos minutos la compañía logró 2.000 nuevos seguidores en su cuenta, todo un éxito.

► Gracias a esta campaña la marca logró llegar a ser Trending Topic en España.

► El éxito de la campaña hizo que la compañía siguiera confiando en Twitter para realizar sus promociones, como en el caso de (#vuelingratis).

7. Campañas directas y su estrategia

Aunque todavía hay a quien le cuesta creerlo, las opiniones vertidas en los Social Media, y particularmente en Twitter, no sólo dan una perspectiva sobre las operaciones diarias de una compañía o marca sino que influyen directamente en sus ingresos económicos. Según estimaciones de la compañía ibérica Guidance, una buena imagen de marca en los Social Media supone, de media, un incremento en las ventas del 37 por cien, a través de nuevos clientes. Por su parte, los comentarios negativos en una comunidad pueden generar una pérdida de clientes de entre el 11 por cien y el 27 por cien. Esto no es ni más ni menos que el resultado de una mala reputación online.

Todo gira en torno al concepto de "escuchar antes de actuar". Cuando una persona, empresa, marca o producto decide tener visibilidad en Twitter, significa que cree en sus posibilidades, que está dispuesta al trabajo, la participación, la generación de contenidos, la gestión de la identidad digital y, sobre todo, está abierta a sus nuevas capacidades.

De hecho, a día de hoy Twitter ofrece posibilidades que ni siquiera podíamos imaginar hace tiempo. Desde vender un producto directamente a gestionar una crisis de marca, todo con sólo 140 caracteres. Por eso es necesario ponerse manos a la obra y comenzar a dar respuesta a lo que quiere el usuario.

De ahí han surgido diversas aplicaciones para aprovechar el poder de Twitter a través de campañas independientes con planteamientos y estrategias específicas.

Figura 7.1. Cuando una compañía decide tener visibilidad en Twitter, significa que cree en sus posibilidades, que está dispuesta al trabajo y que está obligada a la gestión de su identidad digital.

CAMPAÑA DE VENTA DIRECTA

Un estudio de ExactTarget (`Blog.exacttarget.com`) con datos de abril de 2010 comparaba las conductas de consumo entre los usuarios de Twitter, Facebook y el correo electrónico. Los resultados resultaron ser muy interesantes ya que reflejaron que los usuarios de Twitter que siguen la cuenta de una marca están el doble de predispuestos a comprar un producto que los fans de una marca en Facebook.

Básicamente esto sólo demuestra que hoy muchos consumidores toman decisiones de compra basándose en lo que leen, investigan, escuchan y conversan con sus seguidores a través de Twitter. Y no nos engañemos, muchos usuarios no buscan importantes características, sino precios y disponibilidad.

Imaginemos entonces que nuestra compañía dispone de una plataforma de comercio electrónico. En este caso Twitter es un canal ideal para plantear una campaña cuyo objetivo sea conseguir que los usuarios compren los productos.

Figura 7.2. No nos engañemos, muchos usuarios no buscan importantes características, sino precios y disponibilidad.

Estrategia

Éstas deberían ser algunas de las premisas a cumplir:

▶ Fijar el objetivo real de la campaña de ventas.

▶ Generar una base de datos de seguidores que ayude a convertir en ventas.

▶ Captar *leads* apoyando la estrategia sobre un blog, vídeos, descargas de ebooks, etc.

▶ Rastrear Internet para conocer qué productos desean los usuarios.

▶ Mostrar una fuerte imagen de marca.

▶ Utilizar la cuenta como un escaparate de productos.

▶ Enviar promociones especiales de descuento para utilizar a la hora de hacer el pago.

▶ Promover campañas especiales sólo para seguidores de Twitter.

▶ Ofertar productos distintos a los del canal tradicional.

▶ Ser natural a la hora de comunicar la venta.

▶ Proyectar envíos de mensajes temporales para no saturar a los seguidores.

▶ Incluir enlaces a información y fotografías del producto.

▶ Facilitar los RTs.

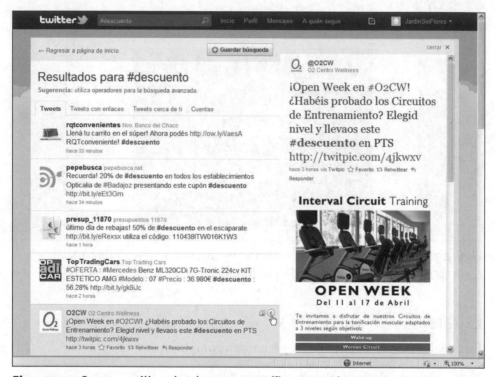

Figura 7.3. Crear o utilizar hashtags específicos para la venta es una estrategia muy interesante a seguir.

▶ Crear hashtags específicos para las ventas.

▶ Tener en cuenta que Twitter es efímero, así deben ser las ofertas.

▶ Escuchar al usuario.

▶ Responder al usuario a todas sus dudas sobre el producto.

▶ Sondear y preguntar al usuario sobre sus preferencias.

▶ Interactuar con los posibles clientes.

▶ Responder a todas las preguntas.

▶ Aceptar las reglas y no hacer *spam* en ningún caso.

▶ Monitorizar las emociones de los seguidores.

▶ Analizar qué productos y qué ofertas funcionan mejor.

CAMPAÑA DE BRANDING PERSONAL

Imaginemos la escena. Reunión con un posible nuevo cliente, intercambio de tarjetas de visita, charla amigable, presentación de los servicios de la empresa, comentarios sobre una posible colaboración y finalización de la reunión en la que se deja abierta la posibilidad de un nuevo encuentro.

Figura 7.4. Las estrategias de posicionamiento de marca personal están cada vez más extendidas en Twitter. Hay profesionales muy reputados en este sector.

¿Qué hacemos nada más llegar a la oficina o desde el portátil nada más acabar? Buscar más información sobre los asistentes a la reunión. Es decir, buscar cualquier dato que nos pueda ampliar nuestro conocimiento sobre las personas a través del posible rastro de su marca personal. Proveedores y clientes potenciales buscan y buscan información personal sobre todos nosotros. Con cualquiera de los perfiles sociales hemos dejado huella suficiente para que alguien pueda conocer suficientes detalles de nosotros, es decir tenemos una reputación online. Sin embargo, puede que todavía esa información no sea ni lo suficientemente relevante, ni lo suficientemente específica, ni lo suficientemente adecuada. Es el momento de plantear una campaña seria de *branding* personal.

Estrategia

Éstas podrían ser algunas de las pautas a seguir:

- ▶ Fijar los objetivos principales de la campaña.
- ▶ Disponer de la misma denominación en Twitter que en el resto de los Social Media, para ayudar a posicionar el nombre "tú" como marca.
- ▶ Configurar y personalizar la cuenta Twitter de modo que alinee con los objetivos.
- ▶ Cuidar los detalles de la cuenta Twitter con avatar, biografía, nombre de usuario, etc.
- ▶ Enlazar la cuenta en el resto de plataformas sociales (blog, Facebook, Linkedin, etc.).
- ▶ Enlazar la cuenta en la firma del correo electrónico.
- ▶ Centrar los esfuerzos en llegar a un sector y comunidad definidos.
- ▶ Generar una rutina que tenga como objetivo twittear diariamente.
- ▶ Publicar información útil que agregue valor añadido real.
- ▶ Crear relaciones con otros usuarios y grupos de acuerdo con la comunidad de interés.
- ▶ Seguir e interactuar con las personas influyentes en el sector.
- ▶ Participar y conversar con la comunidad.
- ▶ Facilitar a otros usuarios que hagan RT.
- ▶ Ofrecer ayuda y consejos siempre que pueda ser necesario.
- ▶ Seguir a grupos que puedan aportar conocimiento.
- ▶ Acompañar la estrategia en Twitter con un blog personal que sirva de base para los contenidos.
- ▶ Aprovechar el canal para difundir lo que se hace y de lo que se sabe.
- ▶ Dedicar el tiempo diario necesario para mantener una cuenta de calidad.

► Intentar crecer, siempre que se hayan conseguido los primeros hitos.

► Promocionar la marca "tú", con paciencia y constancia.

► Aprender de los errores, si la primera vez no funciona hay que seguir intentándolo de otro modo.

► Monitorizar habitualmente la reputación online de la marca "tú".

Figura 7.5. Es muy importante promocionar la marca "tú", con paciencia y constancia.

CAMPAÑA PARA GESTIONAR UNA CRISIS

No es algo nuevo, pero con el establecimiento de los Social Media, y fundamentalmente de Twitter, el poder de movilización y ruido de un único consumidor contra una marca o servicio puede ser demoledor para éste.

Aunque parezca mentira existen usuarios expertos en este tipo de acciones (los "*trolls*" son algunos de ellos) que suelen quitar el sueño a muchos directores de comunicación de grandes empresas. Ante esa posibilidad, la de sufrir una crisis de marca, lo mejor es anticiparse lo máximo posible al hecho y estudiar detenidamente su gestión. Es el momento de analizar y tomar las decisiones y actuaciones correctas en cada momento.

Figura 7.6. Ante una crisis online lo mejor es mostrar honestidad y admitir los errores cometidos con la máxima transparencia.

Estrategia

Éstas podrían ser algunas de las estrategias a seguir:

▶ Descubrir qué ha ocurrido recopilando la mayor cantidad de detalles posible.

▶ Descubrir quién esta detrás de lo ocurrido.

▶ Conservar la calma.

▶ Decidir si los hechos son relevantes.

▶ Fijar los objetivos principales del plan de crisis.

▶ Establecer las pautas del mensaje correcto.

▶ Admitir que cada mensaje que se publique tendrá mucha repercusión.

▶ Valorar la importancia del tono de cada mensaje.

▶ Mostrar honestidad admitiendo los errores cometidos.

Figura 7.7. Es importante admitir que cada mensaje que se publica en Twitter va a tener repercusión.

▶ Pedir todas las disculpas que sean precisas.

▶ Explicar cómo ha ocurrido.

▶ Explicar qué se va a hacer para solucionarlo.

▶ Mantener siempre la transparencia.

▶ Mantener la constancia durante el proceso.

▶ Desechar la posibilidad de utilizar perfiles personales para defender la causa.

▶ Mostrar las previsiones ante posibles casos parecidos en el futuro.

▶ Intentar que la conversación no vaya más allá de Twitter.

▶ Monitorizar constantemente la marca.

CAMPAÑA PARA CONSEGUIR SEGUIDORES

No es preciso disponer de miles de seguidores en Twitter para que un perfil sea influyente. Cuando se trata de hablar de seguidores la calidad cuenta, y mucho, en ocasiones más que la cantidad. De hecho la reputación de un perfil no siempre es sinónimo de un gran número de seguidores, aunque no nos vamos a engañar, aumentar su número facilita enormemente conseguir algunos otros objetivos. Queramos o no, la audiencia manda.

Figura 7.8. Las cuentas que disponen de grandes ratios de audiencia han llegado a ellos con el paso de mucho tiempo, haciendo las cosas muy bien y dedicando mucho esfuerzo para cumplir los objetivos.

Es fácil encontrar en Internet cientos de artículos del tipo Cómo atraer 500 seguidores en una semana, 7 consejos para doblar el número de seguidores rápidamente o Mi secreto para conseguir más de 11.000 seguidores. Olvidemos todo esto. No hay trucos, todo es mentira. La realidad es que las cuentas que disponen de grandes ratios de audiencia han llegado a ellos con el paso de mucho tiempo, haciendo las cosas muy bien y dedicando mucho esfuerzo para cumplir los objetivos.

Estrategia

Éstas podrían ser algunas de las estrategias que han seguido para conseguirlo:

- ▶ Fijar los objetivos principales de la campaña.

- ▶ Configurar y personalizar la cuenta Twitter de modo que esté alineada con los objetivos.

- ▶ Cuidar los detalles de la cuenta Twitter con avatar, biografía, nombre de usuario, etc.

- ▶ Disponer de una biografía que aclare quiénes somos y qué hacemos.

- ▶ Vincular la cuenta con el sitio Web corporativo o el blog.

- ▶ Enlazar la cuenta en el resto de plataformas sociales (blog, Facebook, Linkedin, etc.).

- ▶ Enlazar la cuenta en la firma del correo electrónico.

- ▶ Incluir el nombre de la cuenta en las piezas corporativas (tarjetas, publicaciones, carpetas, etc.).

- ▶ Trazar un plan de publicación de contenidos.

- ▶ Generar una rutina que tenga como objetivo twittear diariamente.

- ▶ Publicar información útil que agregue valor añadido real.

- ▶ Crear relaciones con otros usuarios y grupos de acuerdo con la comunidad de interés.

- ▶ Seguir e interactuar con las personas influyentes en el sector.

- ▶ Escuchar, escuchar y escuchar.

- ▶ Preguntar para conocer los hábitos y los gustos de los seguidores.

- ▶ Participar y conversar con la comunidad.

- ▶ Transmitir creatividad en los contenidos.

- ▶ Evangelizar al círculo más cercano sobre los beneficios de usar Twitter.

- ▶ Compartir contenido interesante para la audiencia.

- ▶ Facilitar a otros usuarios que hagan RT.

- ▶ Organizar actividades donde los seguidores obtengan un beneficio por seguir la cuenta.

- ▶ Compartir ideas.

- ▶ Enviar los mensajes en el horario que causen mayor impacto.

Figura 7.9. Las claves para conseguir un gran número de seguidores son publicar información útil que agregue valor añadido real y el tiempo.

▶ Transmitir un carácter positivo en la comunicación.

▶ Ofrecer reflexiones.

▶ Crear hashtags que generen tendencias entre los usuarios.

▶ Utilizar hashtags que sean relevantes.

▶ Intentar crecer, siempre que se hayan conseguido los primeros hitos.

▶ Promocionar la cuenta con paciencia y constancia.

▶ Aprender de los errores, si la primera vez no funciona hay que seguir intentándolo de otro modo.

▶ Utilizar herramientas para publicar en múltiples Social Media.

▶ Monitorizar habitualmente la reputación online de la cuenta.

8. Herramientas para optimizar al máximo el uso de Twitter

A día de hoy ya hay millones de cuentas con perfiles de Twitter y son también millones los tweets que se envían diariamente. En determinadas campañas sociales se pueden llegar a usar un gran número de ellas, dependiendo de qué tipo de estrategia se haya utilizado. Por ello es especialmente necesario disponer de las herramientas adecuadas que ofrezcan soluciones y versatilidad a la hora de ponerse a trabajar. De hecho, son las aplicaciones que se van a usar diariamente, lo cual las convierte en herramientas de gran importancia.

La utilización de un servicio, o varios, para la gestión de cuentas, así como de distintas herramientas para trabajar de una manera mucho más optimizada, es casi imprescindible.

Nacidas por la necesidad de aportar nuevas características, optimizar el uso o, simplemente, para facilitar la gestión de la información, existen cientos de aplicaciones desarrolladas específicamente para trabajar con Twitter, cada una con sus ventajas e inconvenientes.

De hecho, Twitter es ya un canal de intercambio constante de información que va mucho más allá de los 140 caracteres. El microblog comenzó utilizándose simplemente para el envío de mensajes pero a día de hoy se ha convertido en una plataforma de intercambio de información en la que, además de mensajes, es necesario publicar todo tipo de contenidos.

Fotografías, documentos PDF, encuestas, capturas de pantalla... todo se puede compartir a través de Twitter gracias a aplicaciones de terceros.

A continuación vamos a indicar algunas de las más potentes, que suele coincidir con el hecho de ser las más conocidas, que pueden ofrecer un valor añadido a nuestro trabajo diario.

Figura 8.1. Twitter es ya un canal de intercambio constante de información que va mucho más allá de los 140 caracteres.

CLIENTES ONLINE Y DE ESCRITORIO

Las aplicaciones que permiten la gestión integral de una cuenta en Twitter son fundamentales.

TweetDeck

Características y direcciones:

► **Cliente de escritorio.**

► (Tweetdeck.com).

► (@tweetdeck).

Es el más popular de los clientes de escritorio de Twitter y sus creadores hablan de Tweetdeck como de un navegador personal en tiempo real, que conecta el contenido de Twitter con otras plataformas sociales como Facebook, MySpace, LinkedIn y Foursquare.

Es una buena plataforma de trabajo y dispone de características interesantes como la capacidad de hacer RT y la función de notificación de recepción de un tweet donde se puede optar por una ventana emergente o bien por el detalle completo del mensaje que se recibe.

Se basa en la idea de gestionar los flujos de contenido de Twitter a través de columnas personalizables (elementos enviados, RT, mensajes directos) y permite ver un calendario desplegable de tweets.

Otra de sus características más importantes es que permite gestionar múltiples perfiles sociales a la vez y que además ofrece versiones específicas para Chrome, Android, iPad e iPhone, para que se pueda trabajar en movilidad.

Figura 8.2. Tweetdeck es como de un navegador personal en tiempo real, que conecta el contenido de Twitter con otras plataformas sociales como Facebook, MySpace, LinkedIn y Foursquare.

HootSuite

Características y direcciones:

- ▶ **Cliente online.**
- ▶ (Hootsuite.com).
- ▶ (@hootsuite).

Es la aplicación más utilizada para administrar múltiples perfiles y cuentas de Twitter. Con más de un millón de usuarios y bajo un modelo *freemiun*, es el cliente ideal para la gestión de cuentas de varias campañas y perfiles sociales. Está especializado en Twitter pero soporta contenido de Facebook, MySpace, LinkedIn, FourSquare, WordPress, etc. Ofrece un diseño muy flexible compuesto por varias pestañas y múltiples columnas para leer y administrar varias cuentas de Twittter y facilita el trabajo de publicar a múltiples editores a la vez. Permite, entre otras muchas características, programar por anticipado los tweets, organizar la información, visualizar estadísticas de seguimiento de tweets, compartir sitios interesantes, acortar direcciones y agregar un *feed* RSS. Dispone también de aplicaciones para iOS, Android y Blackberry.

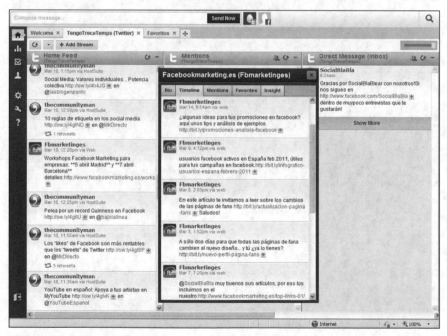

Figura 8.3. HootSuite ofrece un diseño muy flexible compuesto por varias pestañas y múltiples columnas para leer y administrar varias cuentas de Twittter.

CoTweet

Características y direcciones:

- ▶ **Cliente online.**
- ▶ (Cotweet.com).
- ▶ (@cotweet).

Dispone de una versión denominada *Standard Edition* que es gratuita, que únicamente permite la gestión de perfiles en Twitter, mientras que la opción *Enterprise Edition* añade la posibilidad de administrar también cuentas en Facebook. Entre sus características más interesantes destacan la gestión de múltiples cuentas, el historial de conversaciones, la posibilidad de programar tweets, la notificación por correo de las menciones sobre el contenido y sus avanzadas herramientas de trabajo en grupo. Permite enlazar hasta cinco perfiles de Twitter desde una única cuenta de CoTweet, y gestionarlos todos desde la misma pantalla, lo cual ahorra tiempo y facilita enormemente la gestión. También, además de permitir la programación de las actualizaciones de Twitter, guarda todos los mensajes recibidos y enviados para su posterior revisión.

Figura 8.4. CoTweet permite enlazar hasta cinco perfiles de Twitter y gestionarlos todos desde la misma pantalla, lo cual ahorra tiempo y facilita enormemente la gestión.

Una de las funcionalidades que hace especial a CoTweet es la que permite asignar un tweet a un compañero de trabajo y luego seguirlo, lo que lo hace muy útil en un entorno de trabajo.

Seesmic

Características y direcciones:

► **Cliente de escritorio y online.**

► (Seesmic.com).

► (@seesmic).

Seesmic es una de las mejores aplicaciones para Twitter y ofrece además la posibilidad de agrupar la gestión de las plataformas Social Media más habituales. Destaca la integración del soporte múltiple para Twitter, Facebook, LinkedIn, Ping, Foursquare y Google Buzz, por defecto. Su ventaja diferencial es que dispone tanto de una versión de escritorio como de sus correspondientes aplicaciones online (Seesmic.com/app) y para dispositivos móviles como iPhone, Android y Blackberry, entre otros.

Figura 8.5. La ventaja diferencial de Seesmic es que dispone tanto de una versión de escritorio como de sus correspondientes aplicaciones online y para dispositivos móviles como iPhone, Android y Blackberry.

Su interfaz es uno de los más limpios de todos los clientes Twitter ya que permite controlar el ancho de las columnas y, sobre todo, añadir tantas columnas como sea necesario para *timelines*, RT, mensajes directos, elementos enviados, listas, búsquedas, etc. Si todo esto fuera poco es una aplicación que se actualiza casi semanalmente con lo que ofrece mejoras constantes.

HERRAMIENTAS DE INVESTIGACIÓN

Se trata de herramientas que permiten indagar y rastrear aspectos importantes de cuentas Twitter o de los usuarios a los que pertenecen. Resultan ideales para el proceso de investigación previo a la puesta en marcha de una campaña.

Advanced Twitter Search

Características y direcciones:

► **Búsqueda de términos.**

► (http://search.twitter.com/advanced).

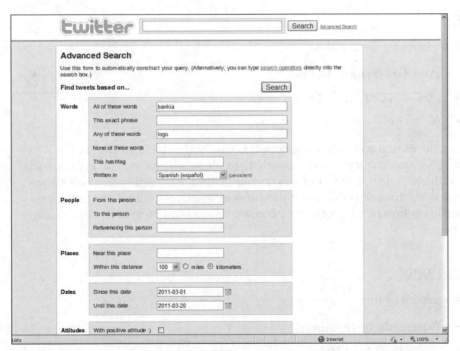

Figura 8.6. La propia herramienta de búsqueda de Twitter, Advanced Twitter Search, es una de las más potentes disponibles actualmente.

Buscador muy completo del propio Twitter, en el que es posible desarrollar búsquedas según palabras concretas, excluirlas, buscar los comentarios referentes a un *hashtag* o a un usuario concreto, efectuar una búsqueda en un área geográfica y en un periodo de tiempo.

Twitter Analyzer

Características y direcciones:

- ▶ **Análisis de una cuenta.**
- ▶ (Twitteranalyzer.com).
- ▶ (@twitteranalyzer).

Bajo el aspecto algo simple de su página principal se esconde una aplicación que proporciona gran cantidad de datos y estadísticas de cualquier cuenta Twitter. Basta con introducir el nombre y aparecerá un informe con los tweets diarios, hashtags más utilizados, seguidores que más mencionan la cuenta y los más mencionados y, entre otros, el perfil profesional de los seguidores.

Xefer

Características y direcciones:

- ▶ **Análisis de una cuenta.**
- ▶ (Xefer.com/twitter).
- ▶ (@xefer).

Realmente es una aplicación de gran valor y muy agradable en su uso. Su utilidad se basa en ofrecer datos estadísticos, de modo gráfico, con la frecuencia de publicación de una determinada cuenta Twitter. Ofrece detalles, entre otros, sobre los horarios de publicación y los días más activos. Además es capaz de diferenciar entre tweets, retweets y conversaciones con otros usuarios. Véase la figura 8.7.

BackTweets

Características y direcciones:

- ▶ **Búsqueda de términos.**
- ▶ (Backtweets.com).
- ▶ (@Backtweets).

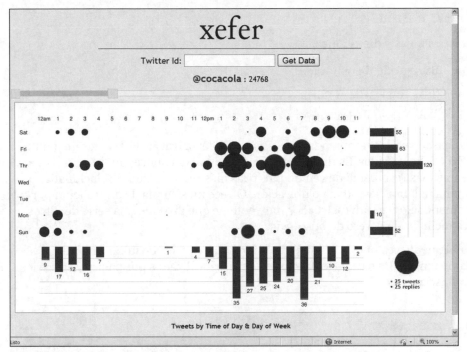

Figura 8.7. Xefer ofrece datos estadísticos de una determinada cuenta Twitter y muestra detalles importantes sobre los horarios de publicación y los días más activos del perfil.

Es una de las mejores herramientas para buscar enlaces abreviados por servicios de acortamiento de URLs como `Tinyurl.com` o `Bit.ly`. De este modo es posible acceder a los enlaces que se están generando en una campaña determinada. Además se integra perfectamente con los datos de Google Analytics.

TweepZ

Características y direcciones:

▶ **Búsqueda de usuarios.**

▶ (`Tweepz.com`).

▶ (`@tweepz`).

Rastreador que permite buscar un nombre, la ubicación del usuario o alguna palabra que haya escrito en su biografía. También puede ajustar los resultados según el número de seguidores o de personas a las que sigue y el idioma.

Follow Friday

Características y direcciones:

- **Búsqueda de usuarios.**
- (Followfriday.com).
- (@followfridaycom).

Sitio basado en las recomendaciones que se hacen a través de Twitter mediante #FF o #Follow Friday. Es una herramienta ideal para conocer cuáles son las cuentas más recomendadas en un país o las más recomendadas relacionadas con una palabra clave, tema o ubicación. Ofrece un sistema de puntuación por recomendaciones y un rastreador muy potente que dispone una serie de filtros para facilitar el proceso de búsqueda.

Posiblemente sea una de las mejores referencias donde consultar antes de seguir una cuenta o usuario. Dispone de sitios localizados por países y en varios idiomas.

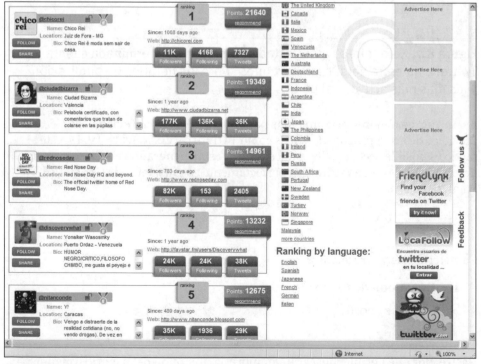

Figura 8.8. Follow Friday es posiblemente una de las mejores referencias donde consultar antes de seguir una cuenta o usuario.

LocaFollow

Características y direcciones:

▶ **Búsqueda de usuarios.**

▶ (Locafollow.com).

▶ (@locafollow).

Es una herramienta buscador que permite encontrar fácilmente a una persona por su nombre, ubicación, biografía o incluso a través del contenido de los tweets que ha escrito.

Es ideal cuando se desea ubicar usuarios de Twitter en una ciudad o pueblo determinado. Es muy sencilla de utilizar y adicionalmente muestra el último tweet y las estadísticas generales de cada cuenta como número de seguidores, seguidos y tweets escritos.

Además dispone de un botón **Follow** que permite comenzar a seguir al usuario sin necesidad de estar en nuestro perfil de Twitter.

Twoolr

Características y direcciones:

▶ **Estadísticas de uso.**

▶ (Twoolr.com).

▶ (@twoolr).

Una herramienta de estadística que ofrece una buena cantidad de datos interesantes sobre una cuenta de Twitter. Muestra gráficos indicando la cantidad de tweets, RTs y menciones realizadas, el modo en que se reparten los tweets, horarios de actividad, las palabras más utilizadas, etc. Especialmente interesante para disponer de todo tipo de datos sobre el comportamiento de una cuenta Twitter propia y la relación con otros usuarios. Véase la figura 8.9.

TweetStats

Características y direcciones:

▶ **Estadísticas de uso.**

▶ (Tweetstats.com).

▶ (@tweetstats).

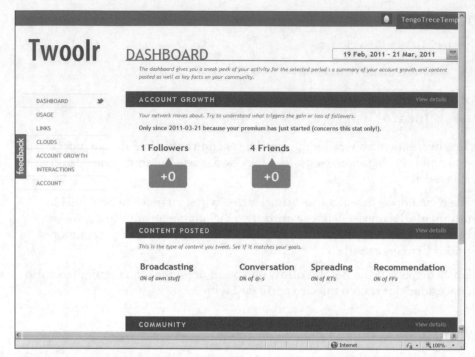

Figura 8.9. Twoolr resulta especialmente interesante a la hora de conocer todo tipo de datos sobre el comportamiento de una cuenta Twitter propia.

Herramienta especializada en mostrar la cantidad de tweets por hora y mes, mostrando las estadísticas de respuesta. Además ofrece un resumen de estadísticas con datos sobre términos más utilizados y temáticas más comentadas.

PERSONALIZACIÓN VISUAL

Herramientas que permiten personalizar las características estéticas de una cuenta Twitter. Imprescindibles para ajustar la imagen de marca o producto.

ColourLovers

Características y direcciones:

- **Personalización online.**
- (Colourlovers.com/themeleon/twitter).
- (@colourlovers).

Es una herramienta online que permite usar los diseños de fondos que tienen en su amplia base de datos de patrones y paletas de colores, para conseguir una personalización de manera muy sencilla.

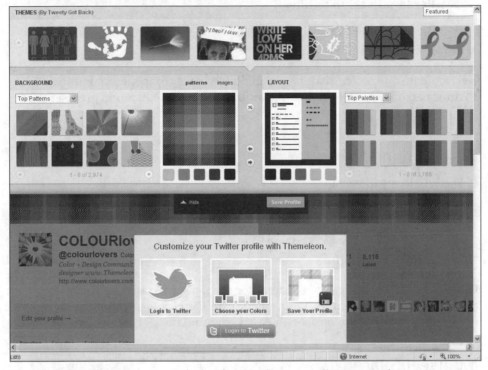

Figura 8.10. CLovers es una de las herramientas online con más posibilidades a la hora de personalizar estéticamente la vista de una cuenta Twitter.

TwitBacks

Características y direcciones:

- ► **Personalización online.**
- ► (Twitbacks.com).
- ► (@twitbacks).

Dispone de un proceso paso a paso para crear un perfil estético en pocos minutos, al que incluso se puede añadir la información de la cuenta. Además permite la descarga de plantillas de Powerpoint en blanco para ser modificadas y personalizadas y usarlas como imagen de fondo.

Free Twitter Designer

Características y direcciones:

- ▶ **Personalización online.**
- ▶ (Freetwitterdesigner.com).
- ▶ (@freedesigner).

Herramienta que ofrece distintas posibilidades para componer un fondo de Twitter personalizado. Permite colocar una fotografía o un fondo prediseñado. Es muy útil.

Wish a Friend

Características y direcciones:

- ▶ **Personalización online.**
- ▶ (Wishafriend.com/twitter).
- ▶ (@wishafriend).

Una aplicación específica para generar fondos personalizados. Dispone de plantillas modificables, a las que se puede cambiar el color, el nombre, la fotografía y añadir algunos datos. Véase la figura 8.11.

My Tweet Space

Características y direcciones:

- ▶ **Personalización online.**
- ▶ (Mytweetspace.com).
- ▶ (@mytweetspace).

Es un generador de fondos que ofrece además una galería de imágenes y botones prediseñados.

PUBLICACIÓN

Herramientas básicas en la utilización profesional de una cuenta Twitter. Sus características hacen más sencillo el tratamiento de una gran cantidad de datos.

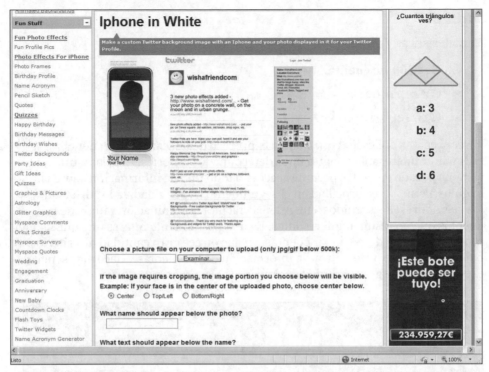

Figura 8.11. Wish a Friend ofrece plantillas modificables, a las que se puede cambiar el color, el nombre, la fotografía y añadir algunos datos.

Manage Flitter

Características y direcciones:

▶ **Gestión de cuenta.**

▶ (Manageflitter.com).

▶ (@manageflitter).

Herramienta que permite controlar la gestión de seguidos y eliminar aquellas cuentas que se encuentran inactivas y que posibilita mantener organizada una cuenta Twitter. Entre otros, ofrece información estadística sobre la reciprocidad del seguimiento de usuarios y sobre cuentas inactivas durante más de 30 días, sobre los seguidores más activos. Además la aplicación clasifica, a los no seguidores de la cuenta, en base a tres categorías: inactivos (los que llevan más de 30 días sin twittear), calmados (los que publican menos de un tweet al día pero que han publicado algo en los últimos 30 días), y los activos (los que realizan 5 o más actualizaciones diarias).

Tweepi

Características y direcciones:

- **Gestión de cuenta.**
- (Tweepi.com).
- (@tweepi).

Tweepi es una aplicación que facilita el proceso de buscar nuevas cuentas en Twitter interesantes, según unos determinados criterios. Gracias a un sistema basado en tablas permite acceder a todo tipo de información sobre las cuentas, como la reciprocidad en el seguimiento, la actividad, la localización, los seguidores, los seguidos, etc. Además facilita la eliminación rápida de las cuentas que no resulten interesantes. Es una herramienta interesante que facilita mucho el trabajo de gestionar cuentas, ya que ofrece gran cantidad de criterios bajo los cuales se puede filtrar la información de las cuentas y hace más sencillo el tratamiento de gran cantidad de datos.

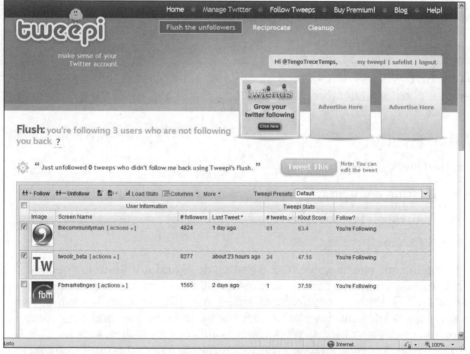

Figura 8.12. Gracias a un sistema basado en tablas, Tweepi permite acceder a información sobre las cuentas, como la reciprocidad en el seguimiento, la actividad, la localización, los seguidores y los seguidos.

Timely

Características y direcciones:

- ▶ **Planificación temporal de publicación.**
- ▶ (Timely.is).
- ▶ (@timelyapp).

Es una aplicación que analiza en segundo plano en qué momento hay más actividad en la *timeline* de una cuenta Twitter. De este modo permite guardar los tweets para publicarlos en el mejor momento de las siguientes 24 horas.

Es decir, Timely publica los tweets cuando detecta un pico alto de actividad para conseguir una actualización con el mayor impacto y visibilidad posible.

Twuffer

Características y direcciones:

- ▶ **Planificación temporal de publicación.**
- ▶ (Twuffer.com).
- ▶ (@twuffer.com).

Es un servicio muy interesante para la planificación y publicación de contenidos en Twitter. Permite dejar los tweets previamente escritos para que sean publicados en el día y a la hora indicados. Con su uso se convierte en una herramienta imprescindible, sobre todo cuando se requiere un ritmo constante de publicación y, más aún, cuando las publicaciones se dirigen a seguidores de países con una diferencia horaria importante. Véase la figura 8.13.

Twitter Feed

Características y direcciones:

- ▶ **Publicación de RSS.**
- ▶ (Twitterfeed.com).
- ▶ (@twfeed).

Herramienta capaz de automatizar la publicación en la cuenta Twitter de cualquier post de un blog, para compartirlo con los seguidores. Es la vinculación perfecta de un blog con una cuenta Twitter. A través de los *feed* RRS generados en cada actualización, la aplicación los publica automáticamente, también en la cuenta Twitter como si de un tweet más se tratase. Especialmente interesante para las actualizaciones vinculadas a campañas y estrategias corporativas. Véase la figura 8.14.

Figura 8.13. Twuffer es una herramienta imprescindible cuando se requiere un ritmo constante de publicación y, más aún, cuando las publicaciones se dirigen a seguidores de países con una diferencia horaria importante.

Socialoomph

Características y direcciones:

► **Planificación temporal de publicación.**

► (Socialoomph.com).

► (@socialoomph).

Se trata de otro servicio muy completo de planificación para la publicación de mensajes para los Social Media. Entre otras muchas, la característica que distingue al servicio con respecto a otros es que permite el envío automático de mensajes directos de agradecimiento o bienvenida cada vez que se une un nuevo seguidor a la cuenta de Twitter. Además genera alertas en función de palabras claves y puede llevar a cabo una monitorización automática de cada nuevo seguidor. Además de en Twitter, Socialoomph actualiza también el estado de perfiles de Facebook.

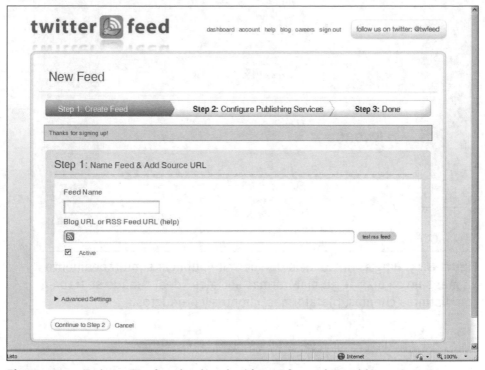

Figura 8.14. Twitter Feed es la vinculación perfecta de un blog con Twitter ya que publica los posts automáticamente también en el perfil como si de un tweet más se tratase.

Ping.fm

Características y direcciones:

▶ **Publicación simultánea.**

▶ (Ping.fm).

▶ (@pingfm).

Es un servicio que permite publicar simultáneamente un mensaje en más de 30 plataformas sociales. Lógicamente entre ellas se encuentran las más importantes como Twitter, Facebook, LinkedIn, Flickr, Tumblr, Posterous y Delicious. Es ideal cuando se trabaja con distintas cuentas, plataformas, clientes y productos.

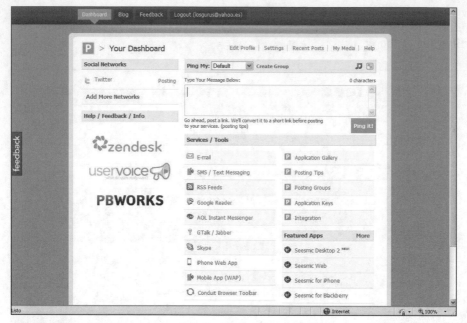

Figura 8.15. Ping es un servicio que permite publicar simultáneamente un mensaje en más de 30 plataformas sociales, ideal cuando se trabaja con distintas cuentas, plataformas, clientes y productos.

Twerp Scan

Características y direcciones:

▶ **Gestión de contactos.**

▶ (Twerpscan.com).

▶ (@twerpscan).

Aplicación ideal para la gestión de campañas que requieren manejar cuentas en las que haya muchos seguidores y seguidos.

Formulists

Características y direcciones:

▶ **Gestión de listas.**

▶ (Formulists.com).

▶ (@formulists).

Su principal tarea se basa en generar listas, que guardará en nuestra propia cuenta, de acuerdo a unos parámetros que previamente le indiquemos. Para ello es necesario acceder con los datos de la cuenta Twitter que se vaya a gestionar.

Dispone también de opciones para buscar cuentas, filtrar seguidos, administrar seguidores, hacer un seguimiento de las interacciones o combinar varias listas. Para ello utiliza filtros basados en el nivel de actividad, cantidad de contactos o palabras clave. Es una herramienta que puede ofrecer muchas posibilidades a la hora de segmentar y aumentar el número de contactos.

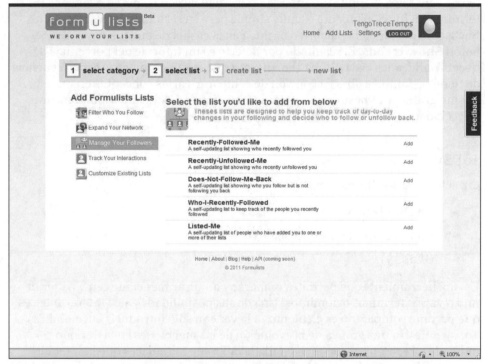

Figura 8.16. Formulists ofrece grandes posibilidades a la hora de crear listas ya que dispone de opciones para buscar cuentas, filtrar seguidos, administrar seguidores, hacer un seguimiento de las interacciones o combinar varias listas.

HERRAMIENTAS DE MONITORIZACIÓN

Aplicaciones online que permiten analizar menciones, temáticas, número de conversaciones, tendencias y, fundamentalmente, medir el nivel de influencia de una cuenta Twitter.

Trendistic

Características y direcciones:

▶ **Monitorización de tendencias.**

▶ (Trendistic.com).

▶ (@trendistic).

Es una herramienta especializada en analizar tendencias en Twitter sobre temas concretos. Permite monitorizar la frecuencia con la que se menciona un término. Su funcionamiento es muy simple pero su resultado muy interesante. Basta con introducir la palabra o hashtag en la casilla de búsqueda y pulsar el botón **Show trends**. El resultado por defecto es un informe del porcentaje de tweets publicados en la última semana, aunque se puede analizar otra frecuencia de tiempo. También ofrece la opción de comparar varios conceptos en un mismo gráfico y es posible aumentar la visualización del gráfico simplemente seleccionando la zona.

Topsy

Características y direcciones:

▶ **Monitorización de tendencias.**

▶ (Analytics.topsy.com).

▶ (@topsy).

Es una herramienta que permite comparar y analizar menciones en Twitter de uno o varios términos o dominios. Una de sus posibilidades más interesantes es que permite comparar tres elementos a la vez con sólo introducir sus nombres. Topsy muestra una gráfica de la evolución de las menciones en el período indicado y la completa con una detallada tabla con los enlaces que han tenido más menciones durante las últimas 24 horas, lo cual aporta mayor información al análisis. Además es posible ver el número de menciones individuales de los enlaces así como el listado de los tweets que contienen.

TweetGrid

Características y direcciones:

▶ **Monitorización de tendencias.**

▶ (Tweetgrid.com).

▶ (@tweetgrid).

Es una herramienta, de cierto parecido en su interfaz con TweetDeck, por la posición de las columnas, que permite configurar una pantalla de seguimiento en tiempo real con varias palabras clave colocadas a modo de cuadros independientes. Permite monitorizar hasta nueve términos clave y es tremendamente útil a la hora de seguir varios temas a la vez en tiempo real.

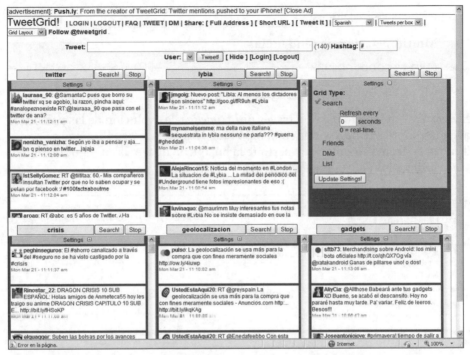

Figura 8.17. TweetGrid permite monitorizar hasta nueve términos clave y es tremendamente útil a la hora de seguir varios temas a la vez en tiempo real.

Tweet Scan

Características y direcciones:

▶ **Monitorización de tendencias.**

▶ (Tweetscan.com).

▶ (@tweetscan).

Es una herramienta con la que se pueden realizar todo tipo de búsquedas en tiempo real. Básicamente ofrece las opciones típicas de este tipo de buscadores pero añade la opción de fijar alertas por correo electrónico si se menciona en Twitter alguno de los términos programados y, por otro lado, permite afinar las búsquedas de términos monitorizando a un usuario en concreto. Además dispone de la opción Tweet Scan Backup, que realiza una copia de seguridad del contenido de una cuenta de Twitter.

Twitscoop

Características y direcciones:

- **Monitorización de tendencias.**
- (Twitscoop.com).
- (@twitscoop).

Servicio Web que permite ver, a través de la *timeline*, la evolución de las palabras clave más populares de Twitter en tiempo real. El panel de visualización se actualiza en forma automática y permite la búsqueda de temas en segundo plano para acceder a los datos inmediatamente.

Figura 8.18. El panel de visualización de Twitscoop se actualiza en forma automática y permite la búsqueda de temas en segundo plano para acceder a los datos inmediatamente.

Como utilidad adicional también ofrece estadísticas de `bit.ly` en tiempo real y un servicio de estadísticas, así como la previsualización de imágenes de Twitpic.

Trendsmap

Características y direcciones:

▶ **Monitorización de tendencias.**

▶ (`Trendsmap.com`).

▶ (`@trendsmap`).

Además de ser gráficamente increíble, es también una interesante herramienta de monitorización. Ofrece la posibilidad de analizar temas y tendencias a través de la localización visual sobre un mapa mundial. De este modo muestra los trending topics de Twitter situados sobre sus países. También ofrece un listado de quiénes son los usuarios más mencionados así como los vídeos, imágenes y enlaces más populares.

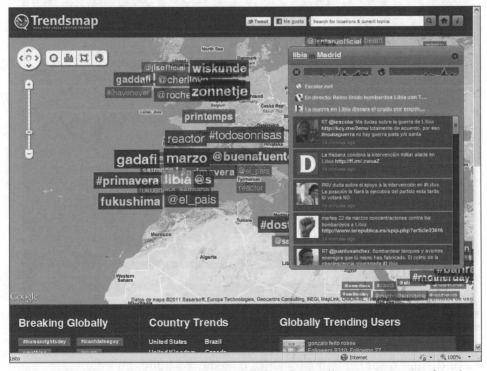

Figura 8.19. Trendsmap ofrece la posibilidad de analizar temas y tendencias a través de la localización visual sobre un mapa mundial.

The Archivist

Características y direcciones:

▶ **Monitorización de tendencias.**

▶ (`Archivist.visitmix.com`).

The Archivist es algo más que un simple buscador, ya que permite encontrar y archivar todo lo que aparece en Twitter y lo muestra a modo de paneles estadísticos. Por esto, se convierte en una herramienta especialmente útil para conocer las menciones que se han hecho sobre un usuario en particular o sobre alguna temática o hashtag y poder guardar la información (en formato Excel) para posteriormente analizarla. Es una herramienta muy gráfica y utilizada convenientemente puede aportar interesantes opciones de análisis y monitorización.

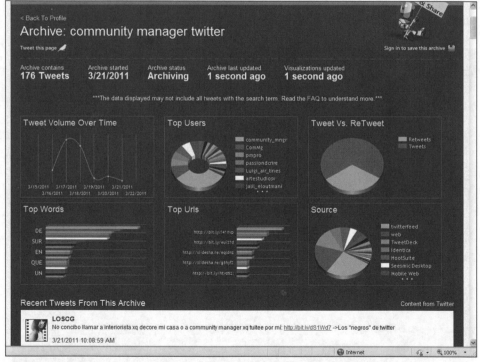

Figura 8.20. Archivist se convierte en una herramienta especialmente útil para conocer las menciones que se han hecho sobre un usuario en particular o sobre alguna temática o hashtag y poder guardar la información para posteriormente analizarla.

Twitterfall

Características y direcciones:

- ▶ **Monitorización de tendencias.**
- ▶ (Twitterfall.com).
- ▶ (@twfall).

Potente herramienta que permite visualizar en tiempo real los tweets sobre un término específico. En la pantalla permite pausar o eliminar tweets, twittear, modificar el idioma de la monitorización, hacer búsquedas por listas o etiquetas, seguir Trending Topics y hacer varias búsquedas al mismo tiempo.

La pantalla de visualización es configurable y dispone de versiones móviles y de escritorio.

Tinker

Características y direcciones:

- ▶ **Monitorización de tendencias.**
- ▶ (Tinker.com).
- ▶ (@tinker).

Es otra plataforma de escucha con la que es posible monitorizar las apariciones en Twitter del término de búsqueda elegido. Ofrece la posibilidad de buscar conversaciones, imágenes, eventos, vídeos, personas, etc. También dispone de las mismas opciones para Facebook.

Klout

Características y direcciones:

- ▶ **Monitorización de influencia.**
- ▶ (Klout.com).
- ▶ (@klout).

Aplicación que permite analizar la influencia del usuario de una cuenta Twitter. Para ello muestra un informe que detalla puntuaciones como el *Klout Score* (el tamaño y la fuerza del círculo de influencia) que incluye *True Reach* (su alcance real), *Amplification* (la probabilidad de sus mensajes generen retweets o conversaciones) y *Network* (la influencia de los contactos que interactúan con la cuenta). Es una herramienta muy completa que además muestra infinidad de resultados como influenciadores, influenciados, evolución de los parámetros de medida o una clasificación del usuario según su actividad y comportamiento.

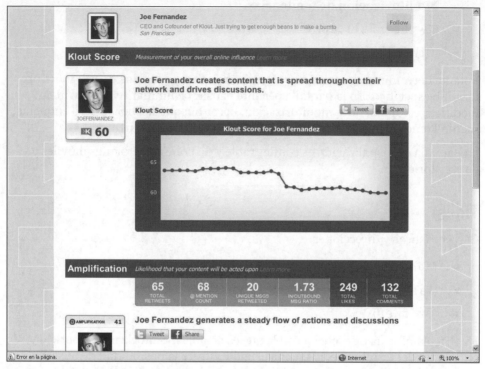

Figura 8.21. Klout es una herramienta muy completa de monitorización de influencia que muestra resultados como influenciadores, influenciados, evolución de los parámetros de medida o una clasificación del usuario según su actividad y comportamiento.

TweetBeep

Características y direcciones:

- ► **Monitorización de influencia.**
- ► (Tweetbeep.com).
- ► (@tweetbeep).

Realiza un seguimiento de palabras claves en Twitter con actualizaciones incluso cada hora. Para saber qué se dice de un determinado producto, compañía o marca. También ofrece la posibilidad de registrar si algún usuario está enviando un tweet con un enlace referente al contenido de nuestro blog o sitio Web, incluso en caso de que lo esté haciendo con un servicio acortador de URLs. Es un sistema muy parecido al que ofrece Google Alerts, pero específico para Twitter.

TwitterGrader

Características y direcciones:

- ▶ **Monitorización de influencia.**
- ▶ (Twittergrader.com).

Una referencia a la hora de medir el nivel de influencia de un usuario. Mediante un algoritmo propio posibilita medir el nivel de influencia que tiene un usuario en Twitter según tres parámetros: fuerza, alcance y autoridad. Para hacerlo asigna una puntuación de hasta 100 puntos, a partir de la cual muestra la posición de la cuenta en un ranking.

Does Follow

Características y direcciones:

- ▶ **Monitorización de seguimiento.**
- ▶ (Doesfollow.com).
- ▶ (@doesfollow).

Aplicación especial para conocer quién sigue a quién en Twitter. Es una herramienta muy sencilla, basta con indicar los dos nombres de usuario de Twitter e inmediatamente después se mostrará si el primero sigue al segundo. Es una herramienta muy directa, si un usuario sigue al otro, aparecerá el mensaje YUP en verde, y de no ser así, aparecerá un NOPE en rojo. Véase la figura 8.22.

Qwitter

Características y direcciones:

- ▶ **Monitorización de seguimiento.**
- ▶ (Useqwitter.com).
- ▶ (@useqwitter).

Es una aplicación muy interesante a la hora de tener un control de los seguidores de una cuenta Twitter. Qwitter informa cuándo un usuario deja de seguir una cuenta en Twitter y además indica cuál fue el último tweet publicado en el momento en que lo hizo. No precisa de registro, basta con introducir un nombre de usuario y una dirección de correo electrónico donde se recibirán las notificaciones periódicas de las bajas. Ideal para curiosos y especialmente útil a la hora de analizar la monitorización de la calidad de los tweets y su contenido.

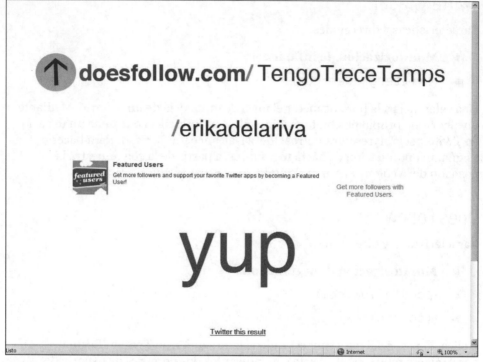

Figura 8.22. Does Follow es una herramienta muy sencilla, basta con indicar los dos nombres de usuario de Twitter e inmediatamente después se mostrará si el primero sigue al segundo.

Friend or Follow

Características y direcciones:

▶ **Monitorización de seguimiento.**

▶ (Friendorfollow.com).

▶ (@friendorfollow).

Una aplicación muy curiosa pero muy útil para la monitorización de seguidores. Friend or Follow permite conocer la reciprocidad del seguimiento, es decir, los usuarios a los que una cuenta sigue pero que no es seguida por ellos (siguiendo).

También al revés, es decir, los usuarios a los que una cuenta no sigue pero que sí es seguida por ellos (fanáticos). Del mismo modo muestra los usuarios a los que una cuenta sigue y es seguida (amigos).

Esta información se muestra ordenada por nombre, número de seguidores y localización. Para conocer esta información basta con introducir el nombre de una cuenta Twitter.

Figura 8.23. Friend or Follow permite conocer la reciprocidad del seguimiento, es decir, los usuarios a los que una cuenta sigue pero que no es seguida por ellos y al revés.

Mr. Tweet

Características y direcciones:

▶ **Monitorización de seguimiento.**

▶ (Mrtweet.com).

▶ (@mrtweet).

Aplicación muy popular que permite enviar y recibir recomendaciones sobre otras cuentas de Twitter. La herramienta además proporciona estadísticas sobre usuarios, tales como los tweets por día o el porcentaje de tweets que contengan enlaces. Su finalidad no es otra que la de recomendar de forma personalizada aquellos usuarios que puedan ser de mayor interés, ya sea destacándolos entre los seguidores o a través de nuevos usuarios que puedan ser relevantes.

El resultado no es inmediato, puede tardar, y concluye con el envío de un DM con una dirección que enlaza con el informe de Mr. Tweet. Este informe muestra una lista de usuarios relevantes más allá de los que se pueden encontrar en la red del usuario y la segunda muestra una lista de usuarios que siguen la cuenta pero que no son seguidos.

ALMACENAMIENTO DE IMÁGENES Y VÍDEO

Son servicios básicos imprescindibles para extender las capacidades de una cuenta Twitter.

TwitPic

Características y direcciones:

- ▶ **Publicación de imágenes y vídeos.**
- ▶ (Twitpic.com).
- ▶ (@twitpic).

Cuando se habla de Twitter e imágenes, es inevitable que aparezca el nombre del servicio líder de alojamiento multimedia, Twitpic.

Es sin duda el servicio más utilizado para compartir fotografías y vídeos vía Twitter ya sea a través del sitio Internet, teléfono móvil o incluso correo electrónico. Está integrado en prácticamente todos los clientes de Twitter, una de las razones por la que es uno de los servicios multimedia más utilizados, nada menos que 17 millones de usuarios. Véase la figura 8.24.

Yfrog

Características y direcciones:

- ▶ **Publicación de imágenes y vídeos.**
- ▶ (Yfrog.com).
- ▶ (@yfrog).

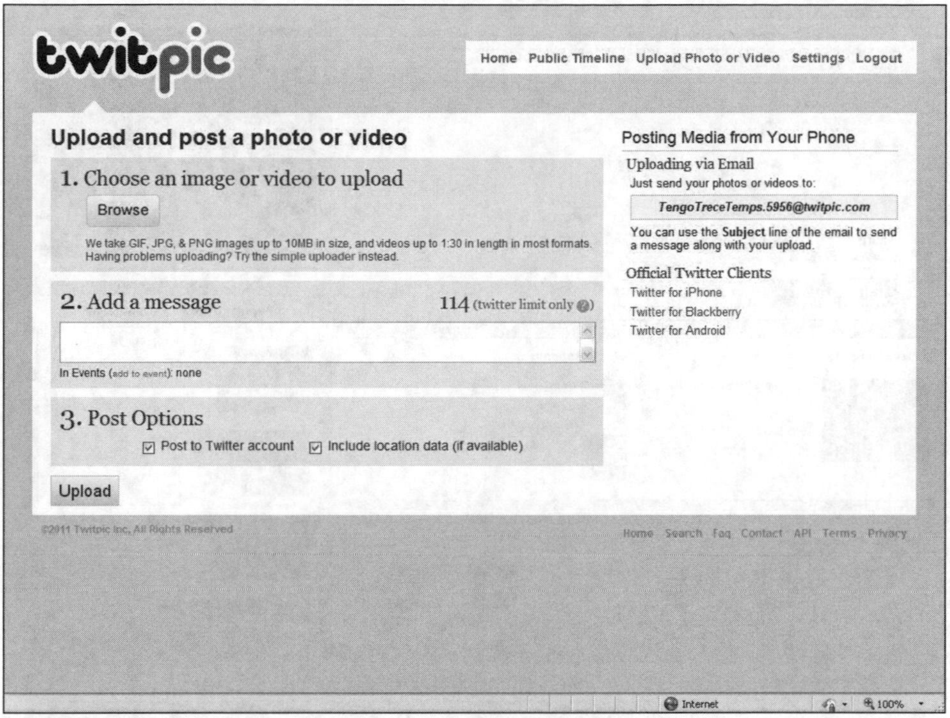

Figura 8.24. TwitPic es sin duda el servicio más utilizado para compartir fotografías y vídeos vía Twitter.

Es un servicio de almacenamiento y compartición de imágenes y vídeos para Twitter de ImageShack, uno de los servicios más populares a nivel mundial de alojamiento de fotografías. Se ha convertido en uno de los más populares gracias a que está presente en la mayoría de los clientes de escritorio de Twitter, iPhone y Blackberry. Véase la figura 8.25.

TwtGal

Características y direcciones:

► **Publicación de imágenes.**

► (Twtgal.com).

► (@twtgal).

Twtgal es un servicio especialmente útil para campañas en Twitter en las que se usa un gran número de imágenes de referencia, ya que permite crear galerías de fotografías para compartir. Ideal para mostrar, por ejemplo, productos o lugares.

Figura 8.25. Yfrog se ha convertido en uno de los más populares servicios de almacenamiento de imágenes y vídeos gracias a que está presente en la mayoría de los clientes de escritorio de Twitter.

TwitGoo

Características y direcciones:

▶ **Publicación de imágenes.**

▶ (Twitgoo.com).

▶ (@twitgoo).

Es una alternativa interesante a TwitPic, ya que viene de la mano de Photobucket, un exitoso servicio online para compartir fotografías.

Lo que destaca de este servicio es que copia la interfaz de la cuenta Twitter a la que se asigna, lo cual es muy conveniente cuando se trata de cuentas corporativas o de marca.

Figura 8.26. TwitGoo destaca por replicar la interfaz de la cuenta Twitter a la que se asigna, lo cual es muy conveniente cuando se trata de cuentas corporativas o de marca.

Twitvid

Características y direcciones:

▶ **Publicación de imágenes y vídeos.**

▶ (Twitvid.com).

▶ (@twitvid).

Una de las plataformas online más utilizadas a la hora de compartir vídeos a través de Twitter.

Para utilizar Twitvid basta con subir el vídeo o la imagen (o capturarlo a través de una Webcam), escribir un mensaje y pulsar sobre el botón **Tweet Video!**. Permite seleccionar si los vídeos serán visibles para todos los usuarios o si bien sólo se compartirán los seguidores de la cuenta. Dispone de aplicación móvil para Iphone y Blackberry.

ACORTADO DE URLS

Servicios online que solucionan la típica limitación de los 140 caracteres a la hora de compartir enlaces.

Bit.ly

Características y direcciones:

- ► (Bit.ly).
- ► (@bitly).

Es el número uno de los acortadores, fundamentalmente debido a que al comienzo fue el usado por defecto en los enlaces de Twitter. Entre otras, dispone de una opción muy interesante de estadísticas de los usuarios que han pulsado sobre el enlace acortado, que cualquiera puede ver simplemente añadiendo un + a la propia URL corta del enlace (por ejemplo, http://bit.ly/919VHd+). Eso sí, a estas estadísticas puede acceder cualquiera.

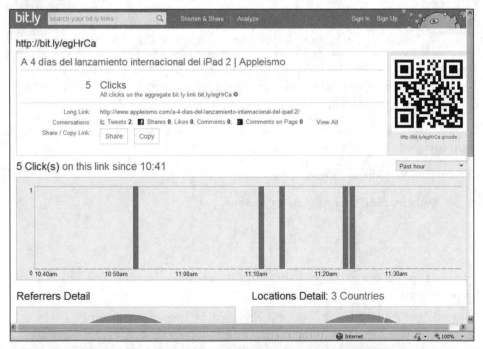

Figura 8.27. Bit.ly es el número uno de los acortadores y dispone de una opción muy interesante de estadísticas de los usuarios que han pulsado sobre el enlace acortado.

Además ofrece también varias herramientas para mejorar sus posibilidades e incluso extensiones especiales para los navegadores más conocidos.

Tinyurl.com

Características y direcciones:

▶ (Tinyurl.com).

▶ (@tinyurl).

Se dice que es un servicio que "se ha dormido en los laureles" y así lo parece ya que, de ser líder indiscutible de uso, ha pasado al segundo lugar. No dispone de ningún servicio adicional al simple acortado de direcciones. Sin embargo, aún sigue redireccionando más de un billón de enlaces al mes, según indican en su página.

Tweetburner

Características y direcciones:

▶ (Tweetburner.com).

▶ (@tweetburner).

Más que un acortador, es una herramienta de seguimiento para los enlaces que enviemos a Twitter a traves de una URL corta creada por el propio Tweetburner (twurl.nl). Realiza la función de acortar el enlace para que ocupe menos espacio en el tweet y además lo monitoriza de modo que se puede conocer qué alcance ha tenido a través de estadísticas individuales de cada enlace con el número de clics, RT, etc. Véase la figura 8.28.

Google URL Shortener

Características y direcciones:

▶ (Goo.gl).

▶ (@googl).

La apuesta de Google en este mercado. Se dice de él que es el más veloz y que sus métricas son superiores a las de otros acortadores. Pero su principal ventaja se basa en que se integra a la perfección con el resto de servicios de Google. De hecho es posible acceder a estadísticas sobre los enlaces así como conocer la ubicación de los usuarios que los visitaron, con el único requisito de disponer de una cuenta en Google. Véase la figura 8.29.

Figura 8.28. Tweetburner, más que un acortador, es una herramienta de seguimiento para los enlaces que enviemos a Twitter a traves de una URL corta creada por la propia aplicación.

Figura 8.29. Se dice de Google URL Shortener que es el más veloz y que sus métricas son superiores a las de otros acortadores, aunque una de sus principales ventajas se basa en que se integra a la perfección con el resto de servicios de Google.

Cli.gs

Características y direcciones:

- ► (Cli.gs).
- ► (@cligs).

Muy parecido en características a Bit.ly pero mucho menos conocido. Su principal ventaja es que las estadísticas no se hacen públicas ya que es necesario un registro previo para acceder ellas.

Tr.im

Características y direcciones:

- ► (Tr.im).
- ► (@trimurls).

Es una opción muy fácil de utilizar que presenta un cuadro de texto para introducir la URL y que genera en la misma pantalla la opción corta. Dispone de una opción de registro para poder acceder a los datos y estadísticas.

Ow.ly

Características y direcciones:

- ► (Ow.ly).

Al igual que (Ht.ly) ofrece estadísticas interesantes puesto que antes de acortar la URL permite añadir distintos parámetros al enlace. Las estadísticas de ambos acortadores se pueden mostrar a través del panel Hootsuite y si se utiliza junto con esta herramienta permite tener un control total sobre la información. Permite ver el historial de cualquier usuario utilizando la ruta (Ow.ly/user/NombreDeUsuario).

Yep.it

Características y direcciones:

- ► (Yep.it).

Las opciones de este acortador son las comunes a todos los demás. Difiere de otros en que permite agregar etiquetas a cada una de las direcciones. También dispone de un apartado para las estadísticas de los enlaces generados.

MARKETING

Servicios suplementarios que dan un paso más allá en la operativa de Twitter de cara al marketing.

Twtpoll

Características y direcciones:

- ▶ **Creación de encuestas.**
- ▶ (Twtpoll.com).
- ▶ (@twtpoll).

Uno de los servicios online más interesantes para crear encuestas y recoger opiniones de los usuarios seguidores de una cuenta Twitter. Una buena plataforma para conseguir motivar y convencer a seguidores que opinen sobre un tema determinado.

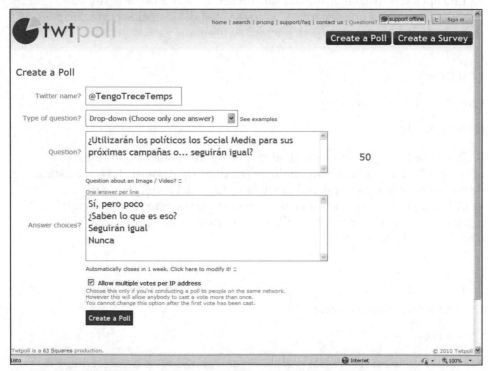

Figura 8.30. TwtPoll es un interesante servicio que permite crear encuestas y recoger opiniones a través de Twitter.

One Kontest

Características y direcciones:

- ▶ **Creación de concursos.**
- ▶ (Onekontest.com).
- ▶ (@onekontest).

Antes denominado Twtaway, se trata de un servicio con grandes posibilidades a la hora de desarrollar concursos.

En su versión gratuita, los concursos se desarrollan bajo una cuenta Twitter y se utilizan los mensajes agrupados bajo un hashtag, el cual permite al sistema detectar a los inscritos y la fecha indicada de finalización. Cuando esto ocurre el servicio realiza aleatoriamente la selección del ganador.

TwtQpon

Características y direcciones:

- ▶ **Creación de promociones con cupones.**
- ▶ (Twtqpon.com).
- ▶ (@twtqpon).

Es la herramienta ideal para desarrollar campañas sociales que precisen la promoción de ventas usando Twitter para compartir y distribuir cupones.

Gracias a la plataforma es posible crear cupones que se distribuyen a través de Twitter y con el que se pueden realizar ofertas a los seguidores. Véase la figura 8.31.

Visible Tweets

Características y direcciones:

- ▶ **Creación de presentaciones.**
- ▶ (Visibletweets.com).
- ▶ (@visibletweets).

Una curiosa aplicación que permite mostrar tweets a modo de animaciones tipográficas. Puede ser muy útil a la hora realizar presentaciones o proyecciones sobre Twitter.

Figura 8.31. Qpon permite desarrollar campañas sociales que precisen la promoción de ventas usando Twitter para compartir y distribuir cupones.

TwtFAQ

Características y direcciones:

- ▶ **Creación de FAQs.**
- ▶ (Twtfaq.com).
- ▶ (@Twtfaq).

Aplicación especializada en utilizar Twitter como servicio de soporte al usuario. Además facilita la creación de una página FAQ con vídeos e imágenes que ayuden al usuario a entender una cuestión determinada. Véase la figura 8.32.

Twtvite

Características y direcciones:

- ▶ **Creación de invitaciones.**
- ▶ (Twtvite.com).
- ▶ (@twtvite).

Figura 8.32. Twtfaq facilita la creación de una página FAQ con vídeos e imágenes que ayuden al usuario a entender una cuestión determinada.

Es un servicio muy completo que permite enviar a todos los seguidores la dirección de un microsite con la descripción del evento, hashtag que se debe usar y detalles adicionales que sea necesario transmitir.

Magpie

Características y direcciones:

▶ **Marketing de afiliación.**

▶ (Be-a-magpie.com).

▶ (@beamagpie).

Magpie es un servicio que ayuda a poner en contacto a usuarios de Twitter y anunciantes. De este modo es posible contactar con usuarios que faciliten la promoción de nuestros productos a través de Twitter a cambio de una remuneración económica.

SEGURIDAD

Aplicaciones que ofrecen la posibilidad de realizar backups y copias de seguridad de cuentas Twitter.

TweetBackup

Características y direcciones:

- ▶ **Copia de seguridad.**
- ▶ (Tweetbackup.com).
- ▶ (@tweetbackup).

Es una herramienta de gran potencia para la realización de backups de la información de una cuenta Twitter. Entre sus características destacan que guarda toda la información en modo online y la posibilidad de realizar copias de seguridad diarias de forma automática.

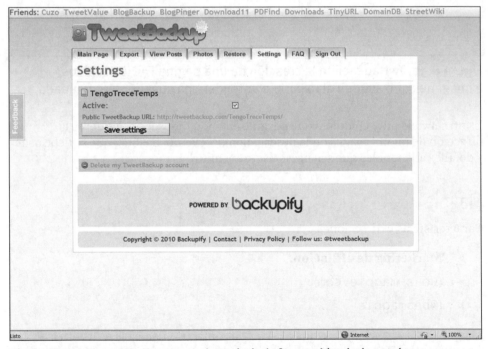

Figura 8.33. TweetBackup guarda toda la información de la copia de seguridad en modo online y ofrece la posibilidad de realizar respaldos diarios de forma automática.

Además permite respaldar un máximo de 3.200 tweets, seguidores, seguidos y DMs. Para su uso completo sólo se requiere ser seguidor de (@tweetbackup).

Tweet Scan Backup

Características y direcciones:

- **Copia de seguridad.**
- (Tweetscan.com/data.php).
- (@tweetscan).

Es una de las aplicaciones online más sencilla de utilizar a la hora de realizar copias de seguridad de una cuenta Twitter. Los datos se guardan en formato de TiddlyWiki (un sistema a modo de libreta de notas personal) que facilita su posterior consulta a través de un navegador Web.

Es una buena fórmula de exportar los datos de seguidores y conversaciones en caso de que sea necesario disponer de ellos de un modo offline. Únicamente guarda los datos de los últimos 1.000 tweets y permite seleccionar cada uno de los componentes a guardar (tweets, RT, seguidores, seguidos, DM, etc.).

PRODUCTIVIDAD

Herramientas que ofrecen posibilidades adicionales a la hora de compartir contenido en Twitter.

FileSocial

Características y direcciones:

- **Compartir archivos.**
- (Filesocial.com).
- (@filesocial).

Es un servicio muy sencillo de utilizar que permite compartir cualquier tipo de archivo a través de Twitter. Los ficheros pueden tener cualquier formato, desde fotografías a vídeos, archivos PDF o PowerPoint.

File Social permite subir archivos de hasta 50 Mb. para compartirlos a través de un enlace acortado del tipo (http://filesocial.com/URL) en una cuenta de Twitter. Luego permite un espacio para escribir el tweet dentro del límite de 110 caracteres que deja libres.

Figura 8.34. FileSocial es un servicio muy sencillo de utilizar que permite compartir cualquier tipo de archivo a través de Twitter.

Filetweet

Características y direcciones:

- **Compartir archivos.**
- (Filetweet.com).
- (@filetweetapp).

Es una herramienta online, que también dispone de aplicación de escritorio, que permite enviar archivos de hasta 2Gb. a cualquier usuario de Twitter. Es ideal para compartir ficheros de gran tamaño ya que son enviados vía DM o por correo electrónico.

Además, gracias a su interfaz, es sencillo mantener un historial de los archivos enviados y recibidos. Filetweet Desktop, la aplicación de escritorio, está desarrollada bajo Adobe Air y puede ejecutarse en Windows, Linux y Macintosh.

TweeShot

Características y direcciones:

- ► **Envío de capturas de pantalla.**
- ► (Tweeshot.com).
- ► (@tweeshot).

TweeShot es un servicio que facilita la tarea de compartir capturas de sitios Web a través de Twitter. Basta con acceder a su formulario e indicar la URL del sitio a capturar y la aplicación automáticamente realizará la acción.

También es posible añadir un comentario e incluso elegir el tipo de captura, si será a pantalla completa o si será una captura total de la página. Dispone de un botón **Preview** que permite una visualización previa de la captura y otro para enviarla directamente. Además incorpora una opción para colocar comentarios en cualquier parte de la captura, por si es necesario marcar alguna indicación.

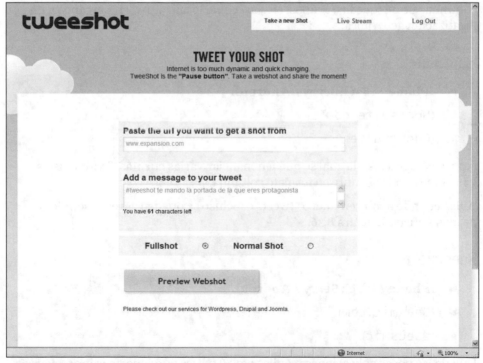

Figura 8.35. TweeShot es un servicio muy sencillo de utilizar que facilita la tarea de compartir capturas de sitios Web a través de Twitter.

CLIENTES PARA MÓVILES

El carácter de inmediatez y movilidad de Twitter hace a estas aplicaciones imprescindibles.

Multiplataforma

Veamos algunos ejemplos de aplicaciones multiplataforma.

TweetDeck

▶ **iPhone / Android.**

▶ (Tweetdeck.com).

▶ (@tweetdeck).

Versión móvil de la aplicación de escritorio para gestionar Twitter, con la que se sincroniza automáticamente. Permite configurar múltiples cuentas y añadir columnas de búsquedas, grupos, etc., así como localizar tweets cercanos a una localización geográfica.

HootSuite

▶ **iPhone / BlackBerry / Android.**

▶ (Hootsuite.com).

▶ (@hootsuite).

Aplicación gracias a la cual se pueden manejar varias cuentas Twitter, listas y hashtags, todo siempre en formato columna.

Avisa cuando aparecen nuevos tweets e incluso se pueden agregar sonidos de aviso. Véase la figura 8.36.

Seesmic

▶ **iPhone / BlackBerry / Android.**

▶ (Seesmic.com).

▶ (@seesmic).

Una de las pocas aplicaciones móviles para Twitter que soporta la gran mayoría de los dispositivos del mercado, a lo que une su aplicación de escritorio. Un estándar con muchas posibilidades. Véase la figura 8.37.

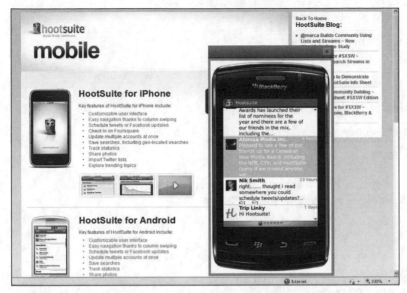

Figura 8.36. Una de las características más importantes de Hootsuite tiene que ver con su versatilidad, ya que ofrece soporte online y aplicaciones móviles para las plataformas más utilizadas.

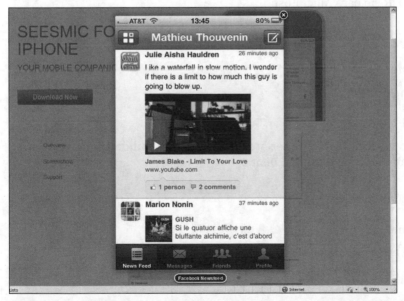

Figura 8.37. Seesmic es un estándar móvil ya que soporta la gran mayoría de los dispositivos del mercado y además ofrece una aplicación de escritorio de gran potencia.

iPhone

Aplicaciones específicas para iPhone.

Osfoora

- **iPhone.**
- (Osfoora.com).
- (@osfoora).

El cliente ideal de iPhone para el usuario que precisa de un buen soporte para envíos de fotografías y videos junto a los tweets.

Echofon

- **iPhone.**
- (Echofon.com).
- (@echofon).

Una aplicación muy utilizada en su versión móvil pero que sólo dispone de cliente de escritorio para Macintosh.

Twittelator

- **iPhone.**
- (Stone.com/Twittelator).
- (@twittelator).

Entre sus características más importantes destaca la posibilidad de seguir distintas listas y su carácter multicuenta.

TwitBird

- **iPhone.**
- (Nibirutech.com).
- (@twitbird).

Aplicación móvil para entornos iPhone y con una gran base de usuarios que la utilizan por su potencia y versatilidad. Resulta ser una de las más conocidas.

My6Sense

- ▶ **iPhone / Android.**
- ▶ (My6sense.com).
- ▶ (@my6sense).

Aplicación especializada en la gestión de múltiples datos (seguidores, seguidos, etc.) ya que ordena la *timeline* por orden de relevancia.

Mixero

- ▶ **iPhone.**
- ▶ (Mixero.com).
- ▶ (@mixero).

Mixero es ideal para gestionar cuentas con cientos de seguidores y seguidos, ya que permite realizar filtrados avanzados de todo tipo y está especializado en la gestión de listas.

Yoono

- ▶ **iPhone.**
- ▶ (Yoono.com).
- ▶ (@Yoono).

Es una de las aplicaciones más famosas de iPhone para la gestión de Twitter y de Social Media en general.

También dispone de aplicación de escritorio.

BlackBerry

Aplicaciones para BlackBerry, algunas de ellas debido a su gran éxito han desarrollado para otros dispositivos.

UberSocial

- ▶ **BlackBerry /iPhone.**
- ▶ (Ubersocial.com).
- ▶ (@ubersoc).

Su fama de gran aplicación en entornos Blackberry ha llevado a UberSocial, antes UberTwitter, a desarrollar su entorno para iPhone. Hasta ahora, es la aplicación más utilizada en Blackberry.

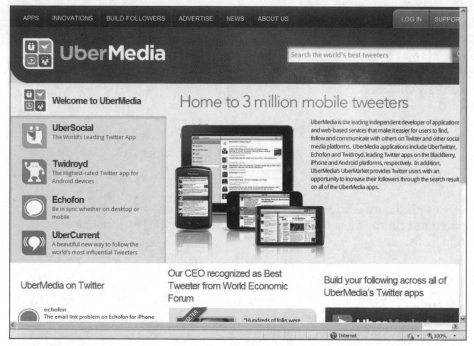

Figura 8.38. Antes conocida como UberTwitter, ahora Ubersocial, mantiene sus capacidades en entornos móviles y trabaja para ofrecer aplicaciones de escritorio que las complementen.

Snaptu

- ► **BlackBerry.**
- ► (Snaptu.com).
- ► (@snaptu).

En los últimos tiempos ha ganado mucho terreno a sus adversarios, por su velocidad, versatilidad y, sobre todo, su interfaz de usuario elegante y fácil de usar.

Android

Algunas de las mejores aplicaciones para Android se van a comentar en este apartado.

Twidroid

▶ **Android.**

▶ (Twidroyd.com).

▶ (@twidroyd).

Una de las mejores aplicaciones Twitter para Android. Es muy estable y ofrece características muy interesantes, como Live Preview, que permite previsualizar imágenes y enlaces de Twitter sin salir de su interfaz.

Figura 8.39. Twidroid es una de las mejores aplicaciones Twitter para Android ya que ofrece gran estabilidad y suma características muy interesantes.

Pluma

▶ **Android.**

▶ (Levelupstudio.com/plume).

Antes denominada Touiteur, Pluma es una aplicación de Twitter que está desarrollando grandes avances en los últimos tiempos. Es rápida y práctica, algo difícil de superar.

TweetCaster

- **Android / iPhone.**
- (Handmark.com/applications/tweetcaster).
- (@handmark).

Una de las principales características de TweetCaster es que ofrece soporte multicuenta. Además soporta códigos de color, integración con Facebook, listas, filtros, RTs, notificaciones e incluso adjuntar imágenes.

PRODUCTIVIDAD PERSONAL

Aplicaciones online y software de escritorio que pueden resultar útiles a la hora de optimizar el trabajo y de gestionar el día a día profesional.

Google Calendar

Características y direcciones:

- **Gestión del tiempo.**
- (Google.com/calendar).
- (@googlecalendar).

La agenda online más potente con características Web 2.0.

Evernote

Características y direcciones:

- **Gestión de contenido e información.**
- (Evernote.com).
- (@evernote).

La aplicación por excelencia para la organización de información personal online.

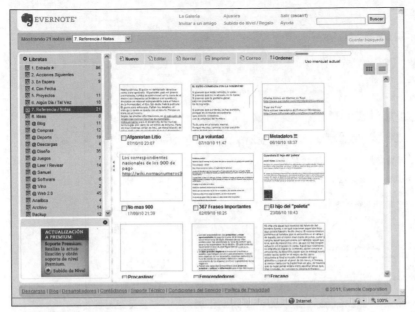

Figura 8.40. Evernote es una aplicación de gran éxito para la gestión del contenido y la información ya que facilita enormemente el proceso de salvar y organizar los datos, sea cual sea su origen.

Google Docs

Características y direcciones:

► **Gestión de documentos.**

► (docs.Google.com).

► (@googledocs).

El mejor modo de disponer de documentos ofimáticos online.

Delicious

Características y direcciones:

► **Gestión de direcciones.**

► (Delicious.com).

► (@delicious).

El más conocido y potente gestor de marcadores online.

Figura 8.41. Delicious es un estándar en la gestión de direcciones Web, una auténtica base de datos de marcadores con todas las posibilidades.

Google Reader

Características y direcciones:

- ▶ **Gestión de fuentes RSS.**
- ▶ (Google.com/reader).
- ▶ (@googlereader).

El mejor agregador RSS online para disponer de múltiples canales de información. Véase la figura 8.42.

DropBox

Características y direcciones:

- ▶ **Alojamiento de archivos.**
- ▶ (Dropbox.com).
- ▶ (@dropbox).

El servicio de alojamiento de archivos online más utilizado y versátil.

Figura 8.42. Reader es una aplicación imprescindible para todo aquel que trabaje en entornos Web, ya que facilita la gestión de contenidos a través de fuentes RSS.

Wrldea

Características y direcciones:

- ▶ (Wridea.com).
- ▶ (@wridea.com).

Un lugar para volcar y guardar online ideas, pensamientos, listas, etc.

Índice alfabético

F

G

H

I

K

L

M